나는
욕망에 대해
쓰기로 했다

나는 욕망에 대해 쓰기로 했다

writing on sexual desire

장은나 지음

남자를 만나는 페미니스트의
사랑 × 욕망 × 섹슈얼리티 탐구

느린
서재

차례

프롤로그 '숨겨진 욕망에 대해 쓰기'를 시작하며 | 006
이 책에 자주 등장하는 용어들 | 014

1부 페미니즘과 실패와 욕망 사이

01 조각난 욕망: 페미와 남미새 사이에서 | 018
02 욕망 숨기기: 슬기로운 페미 생활 | 023
03 욕망의 인정: 남미새로 살아남기 | 029
04 욕망과 신체: 예쁘고 싶지만 예쁘고 싶지 않아 | 035
05 욕망과 안전: 그 많던 가해자들은 모두 어디로 갔을까 | 044
06 욕망의 근원: 내 빨은 섹슈얼리티의 뿌리 | 052
07 욕망 말하기: 우리의 실패담이 넘쳐나기를 | 059
08 욕망과 전시: 페미 X 럽스타그램 | 067
09 욕망과 혐오: 페미가 틴더할 때 | 075
10 욕망과 모순: 평등한 연애 상상하기 | 084
11 욕망과 갈등: 그럼에도 불구하고 또 부딪히는 이유 | 091
12 관계와 욕망: 사랑, 그거 어떻게 하는 건데 | 099

2부 페미에 대해 우리가 이야기할 때

13 욕망과 친구: 남미새 페미 넷이 모이면 | 108

14 다양한 욕망: 우리의 다채로운 딜레마 | 115

15 욕망과 퀴어: 남미새 게이와 남미새 헤녀의 연결고리 | 123

16 욕망과 전략: 남미새 페미가 남자 고르는 기준 | 129

17 욕망과 대화: 페미니스트를 만난 남자들 | 136

18 욕망과 감별: 걔 페미 아냐? VS 난 페미 아냐 | 142

19 그들의 욕망: 남미새 페미와 여미새 남자들 | 151

20 욕망과 평등: 페미니즘적 연애란 무엇일까? | 158

에필로그 '어려운 마주하기'를 끝내며 | 168

추천사 | 174

'숨겨진 욕망에 대해 쓰기'를 시작하며

'욕망'하면 빨간 립스틱을 바른 긴 머리의 여성이 쇼핑백을 들고 하이힐을 신은 채 걸어가는 장면이 문득 떠오른다. 반짝이는 외제차, 백화점 쇼윈도, 고급 레스토랑이나 불꽃, 장미, 검정 양복과 화려한 드레스도 떠오른다. 아마 내가 광고홍보학을 전공하고 마케팅 일을 해온 것과도 무관하지 않을 것이다.

'욕망'은 마케팅에서 아주 중요한 키워드다. 사람들이 필요한 것만 산다면 지금의 자본주의는 무너질 것이다. 필요(needs)를 넘어 욕망(desire)하게 만들어야만 이 구조가 유지되기 때문에, 이를 위해서 여러 욕망이론을 배운다. 그리고 서로 다른 욕망이 긴밀하게 연결되어 있으며, 서로를 대체할 수 있다는 것도 알게 된다. 브랜드를 사랑하게 되는 단계는 연인과 사랑에 빠지는 과정과 다르지 않으며, 성공한 광고의 공식은 성공하는 소개팅 시나리오와 비슷하다.

사회학이나 인문학에 관심이 있다면 '리비도'라는 단어를 들어봤을 테다. 이는 프로이트의 정신 분석학의 기초 개념인 성적 본능에 의한 충동을 뜻하지만, 삶의 본능적 에너지를 포괄적으로 지칭하는 개념이 되었다. 소비욕, 명예욕, 소유욕, 권력욕, 성욕 등 서로 다른 욕망은 사실 하나의 뿌리에서 자라난다. 여러 욕망을 이해하기 전에 근원적이면서도 본능적이고, 오래 억압하며 숨겨온 성욕을 둘러싼 '섹슈얼리티'를 먼저 이해해 보고자 한다.

실제로 섹슈얼리티는 관계, 자본과 권력, 신체와 건강과 긴밀하게 맞닿아 있다. 삶의 테두리를 결정짓는 문제가 되기도 한다. 성차별이 존재하는 세상에서 남성과 관계를 맺고 살아가는 페미니스트에게, 이는 더욱 어렵고 모순적인 경우가 많다.

2016년 한국 페미니즘 리부트 이후 4B(비연애, 비섹스, 비혼, 비출산) 운동에선 난 살짝 비껴갔는데, 그렇다고 결혼과 임출육(임신, 출산, 육아)이라는 제도적인 삶의 루트를 그대로 받아들이는 것은 고민이 되었다. 데이트만 하는 사이가 아닌 삶을 나눌 동반자를 만날 수 없을까 때로 상상해 보지만, '페미니스트'가 낙인과 조롱이 되는 세상에서 남성과 돈독한 관계를 쌓는 것은 쉽지 않다. 그렇게 정상연애 서사의 바깥에서 흔들리며 존재하는 수많은 페미니스트의 고민과 현실을 나누고 싶다.

솔직히 탈코르셋을 했으면서도 남자와의 관계를 잃지 못하고 계속해서 누군가를 만나고 있는 나 자신을 꽤 미워하고 부끄러워했다. 이제 스스로를 그만 미워하고, 내 안의 욕망과 두려움을 마주하고자 글을 썼다. 신여성 작업실에서 매주 동료들과 만나 함께 읽고 이야기하며 써왔다.

페미니스트도 안티 페미니스트도, 퀴어도 헤테로도, 관계중독자도 모태 솔로도, 섹친자와 무성애자, 남미새와 '한남싫어' 인간(또는 그 사이 어딘가 둘 다인 사람들)까지도 모두가 흥미롭게(?) 읽을 수 있는 책이 되리라 생각한다.

책을 내기까지

유난히 들뜨는 봄이었다. 2024년 5월, 인스타그램에서 '결코 내 것일 수 없는 - 섹슈얼리티 다시 쓰기(도우리)'라는 글쓰기 워크숍에 관한 게시물을 봤다. 매주 새로운 책을 읽고 대화하고, 그 다음 주에는 글을 써서 합평하는 방식, 그리고 '섹슈얼리티'라는 주제에 크게 이끌렸다. 책을 읽고 새로운 지식을 습득하며 경험이나 직관과 연결시키고, 이를 바탕으로 나만의 글쓰기를 한다는 점 역시 큰 매력으로 다가왔다.

그해 여름, '섹슈얼리티 글 모임' 사람들과 매주 모여 총 8권의 책을 읽고, 8편의 글을 썼다. 예민한 주제인만큼, 안전한 글 동료들과 함께 이야기하고 글을 쓰고 합평하는 시간이 너무 즐거웠다. 여러 의미로 뜨겁고 후끈한 여름이었다. 모임에 가는 날마다 조금 더 나답고 아름다운 옷차림으로 가고 싶다는 욕심에 거울 앞에서 시간을 보내곤 했다. 평소에 잘 하지 않는 볼드한 액세서리를 시도한 기억이 난다. 개인적으로, 20대를 마무리하고 30대에 접어들면서 지난 섹슈얼리티 생활에 대해 회고하고 싶은 시기였다. 내면에 정리되지 않은 욕망을 마주하고,

이해하면서, 더 자유로워지고 싶었다.

글 모임이 모두 끝나고, 가까운 이들에게 먼저 원고를 공개하면 어떨까 생각했다. 인스타그램에 연재 공지를 올리고, 2주 동안 이메일 연재를 한 다음 6개월에 걸쳐 브런치 연재를 했다. 사적인 이야기도 많고, 논쟁적인 부분도 있었기에 한 편 한 편 공개할 때마다 신중히 퇴고했다. 혹시라도 내 인생에 연결되었던 누군가가 상처받지 않기를 바라며, 나 자신도 너무 다치지 않게 안전할 수 있는 선을 계속 조정해 가며 연재를 마쳤다.

총 12편의 연재 후 감사하게도 여러 기회가 있었다. 우선, 연재 중에 친구들과 함께 운영하는 '비건먼지' 인스타그램 릴스로 연재 주제에 대한 소개를 했는데, 39만 회의 조회수와 1천 개 이상의 좋아요, 600개 이상의 댓글이 달렸다. '남미새 페미니스트'라는 키워드 소개만으로 이렇게 많은 관심을 받을 수 있구나, 그 확장성과 어그로(?)력에 놀라기도 했다.

여성 영상인 네트워크 프프프에서 비슷한 주제로 다큐멘터리

영화를 만들고 있는 감독과 연결되어, 출연자로 인터뷰를 하고 데이트 장면을 촬영하기도 했다. 카메라 뒤에서 다른 사람들을 촬영하는 게 더 익숙했기에 피사체가 되는 경험이 감사하고 새로웠다.

오랫동안 연락을 하지 않고 지내던 페미니스트 친구들 중 몇몇에게 따로 연락이 오기도 했다. 너무 공감이 간다면서 연락을 준 그들에게 감동을 받기도, 또 놀라기도 했다. 그 친구들이 인생에서 남자를 지워버리고 4B운동을 지속하고 있는 줄 알았기 때문에 더욱 그랬다. 많은 여성들이 여러 정체성 안에서 고민하고 갈등하면서 살아가고 있다는 걸 또다시 절감했다.

그리고 출간 제안을 받아 원고를 추가로 기획, 작성했다. 연재했던 글을 다듬고, 새로이 집필한 글을 더해 지금 이 책을 꾸리게 되었다.

흥미로운 주제로 글 모임을 열어준 도우리 작가와 솔직하고 뜨거운 합평을 나눈 글 동지들, '남미새 페미' 연재 글을 읽어준 독자분들과 SNS 친구들, 글을 쓰는 모든 동료와

친구들, 그리고 출판사 느린서재에게 감사를 전하고 싶다. 덕분에 썼다. 남미새인 나와 계속 우정을 지켜준 친구들, 전 애인과 데이트 상대들, 마지막으로 사랑하는 가족에게도 고맙다는 인사를 하고 싶다.

- 25년의 여름, 장은나

writing on
sexual desire

이 책에 자주 등장하는 용어들

남미새 '남자에 미친 새끼'의 줄임말. 온라인 은어이자 혐오 단어였다. 강유미의 유튜브 채널에 〈엑소시스트 - 남미새 영혼에 빙의된 여자〉라는 콘텐츠가 나오면서 더 많은 이들에게 알려졌다.

페미니스트 사전적으로는 '여성 인권 신장과 성평등을 주장하는 사람'으로 모든 성별이 사회적, 정치적, 경제적으로 평등하다고 믿는 사람을 뜻한다. 페미니즘의 학문적, 실천적 영역에는 여러 종류가 있는 만큼 페미니스트도 모두 성향이 다르며, 하나의 의견으로 일반화할 수 없다.

비건 사전적 뜻으로 '채소, 과일, 해초 따위의 식물성 음식 이외에는 아무것도 먹지 않는 철저하고 완전한 채식주의자'로, 동물성 원료의 생산품을 소비하지 않는 사람을 말한다.

4B운동 비연애, 비섹스, 비혼, 비출산을 이르는 말로, 래디컬 페미니스트들의 남성 보이콧 운동의 일환이다.

보이콧 영어 단어 'boycott'에서 온 단어로, 어떤 일을 공동으로 배척하거나 거부하는 것을 뜻한다. 비슷한 단어로 불매(不買)가 있는데 이는 항의의 수단으로, 항의 대상과 거래를 끊거나 관련한 상품의 구매와 사용을 중단하는 자발적인 소비자 운동의 하나이다. 사람과 사람 관계에 '불매'라는 표현을 사용하는 것을 지양, 보이콧이라는 단어를 주로 썼다. 인간관계를 일종의 자본으로 이해하고 손절 및 불매의 대상으로 보는 것은, 경제학만으로는 설명할 수 없는 사회의 많은 부분을 '경제학적 프레임'으로만 바라보는 문제를 포함하기 때문이다.

섹슈얼리티 섹스, 젠더, 성별, 성적 지향, 성적 취향 혹은 그와 관련된 모든 담론을 총칭하는 말이다. 이 책에서는 주로 유성애적이고 이성애적인 섹슈얼리티 이야기를 주로 담고 있다. (2부에는 동성애 이야기도 포함되었다)

메갈 '메갈리아' 커뮤니티 사이트 이용자라는 뜻. 메갈리아는 김치녀, 외모 평가 등 여성을 향했던 혐오 단어와 문화를 그대로 남성에게 돌려준다는 '미러링'을 사회 운동 전략으로 삼아 주목을 받았다. 현재는 사라졌다.

흉자 '흉내자지'라는 뜻의 온라인 은어로, '명예남성'과 비슷한 단어다. 남성의 편을 드는 여성을 비꼬며 비난하기 위한 표현이다.

헤테로 연애 남성과 여성 간 연애를 말한다. 이성애(heterosexual)는 이성간의 성적 또는 로맨틱한 끌림을 뜻하는 단어다. '헤테로'란 영어 단어 헤테로섹슈얼의 줄임말로 주로 쓰이며, '이성애' 또는 '이성애자'라는 의미를 갖는다.

리버럴 페미니스트 자유주의의 틀 안에서 성평등을 실현시키려는 사상을 가진 이들을 말한다. 주로 래디컬 페미니스트의 대척점에 서 있는 것으로 표현된다.

※ 출처: 표준국어대사전, 위키피디아, 페미위키

*이 책에서는 온라인 은어를 그대로 사용했다. 표준국어대사전에 맞지 않는 단어도 흔히 통용되는 경우, 그대로 사용했음을 밝혀둔다.

1부

페미니즘과 실패와 욕망 사이

01 조각난 욕망: 페미와 남미새 사이에서

몇 년 전, 회사 회식 자리에서 남성 기혼자인 선배가 유명 페미니스트에 대해 이렇게 말했다.

"그 사람 나랑 전에 같이 일했는데, 지금이랑 완전 달라서 못 알아봤잖아. 지금은 무슨 걸크러시? 페미니즘? 숏컷도 아니었고, 매일 화장하고 남자한테 관심도 정말 많았어."

당시 숏컷이었던 나는 굳이 내 앞에서 그 이야기를 하는 이유가 궁금했지만, 그 의도를 가늠하는 것보다 더 흥미로운 생각들이 솟아났다.

와, 나도 뒤에서 저런 말로 까이고 있지 않을까? 지금은 페미지만, 예전엔(?) 남자 엄청 좋아했다고…. 그게 그렇게 모순적인 일인가? **'남자 좋아하는 페미니스트'로 살면 안 되는 걸까?**

페미니즘 콘텐츠에 자주 등장해 온 어떤 그림이 떠올랐다. 남성들이 좋아하는 모습으로 아름답게 꾸미면서 자기만족이라 믿고, 남성과의 관계 속에서 폭력에 노출되고, 가부장제에서 기대하는 여성의 역할을 해내는 여성들. 그 억압의 고리를 끊어내는 방법은 뭘까, 고민하고 행동하는 페미니스트들. 자신의 권리를 챙기지 못하는 답답한 '여성'과 그들의 계몽을 돕는 당당한 '페미니스트'라는 이분법적인 대립 구도는 페미니즘 콘텐츠에 자주 등장했다. 페미니즘 리부트 이후 온라인상에서 많은 여성들이 페미니즘을 이해하거나 오해하는 틀로 기능하기도 했다.

이는 한 개인의 과거와 현재로 그려지기도 하고, 남성의
편을 드는 '흉자'(흉내자지)와 여성의 편에 선 '메갈'(메갈리안)
세력의 대치를 설명할 때 활용되기도 하며, 폭력의 피해자와
상담가의 구도를 연출하기도 한다. 그러나 당연하게도
현실에서 이 둘은 쉽게 구분되지 않는다. 페미니스트에게
어떤 역할이 기대되고 어떤 편견이 씌워지든, 개인은
복합적이고 모순적인 인간이다. 나 역시 그렇다.

내 SNS 계정을 오래 팔로우해 온 지인들에게 나는 흉자이자
메갈이고, 방관자이자 액티비스트일 것이다. 그 어디에도
속하지 못하는 앞뒤 다른 정체성. '대체 무슨 말일까?'
싶겠지만, 이 시대를 살아가는 페미니스트라면 조금씩
공감하지 않을까.
20대 초반에는 매일 다이어트를 하고 '연애 중'을 올려대는
금사빠였다. 페미니즘 리부트 후에는 탈코르셋을
전시하면서 4B를 했다(고백하자면, 그때도 계속 헤테로 연애를
했다. 부끄러워서 올리지 못했을 뿐…). 비건으로 식사를 바꾼
이후에는 리버럴 페미니스트가 되어서 갑자기 틴더남 썰을
풀다가, 요즘 또다시 슬슬 코르셋과 연애를 전시하는,
그러면서도 계속 사회적인 이슈와 홍보거리를 함께

공유하는 복잡한 사람, 그게 바로 나다.

코르셋을 벗고 싶지만 동시에 욕망당하고 싶고, 자본주의 문제를 지적하면서도 자본을 얻기 위해 내가 가진 자원을 총동원하며, 동물 해방을 꿈꾸면서도 나의 해방은 대체 어디에서 오는지 아직도 모른다. 총체적 난국처럼 보이는 복잡한 정체성과 고민을 끌어안고 있는, '남성을 욕망하고, 때로는 남성에게 욕망당하고 싶은 여성'이자, '여성의 평등한 권리와 해방을 부르짖는 페미니스트'로 살면서 언제나 나 자신과 불화한다.

그만큼 페미니스트가 '섹슈얼리티'에 대해 글 쓰고 말하는 것은 정말이지 까다로운 일이다. '남미새'는 조롱이 되고, '페미'는 낙인이 되는 세상이다. 그런데 **남미새 페미**라니. *'이런 글을 써도 되나?'* 자기 검열에 빠졌다가 나오기를 반복했다. 결국엔 비난과 위험에 노출되고, 페미니즘이 조롱거리가 되는 건 아닐지, 걱정을 피할 수 없다. 이 글은 아마 페미니즘을 헐뜯고 싶어하는 남성들에게도, 인생에서 남성을 성공적으로 없애버린 멋진 페미니스트들에게도, 그리고 여성은 조신하게 혼전순결을 지키는 것이 옳다고 생각하는 어르신들에게도 모두 비판받을 것이다. 그럼에도 불구하고, 계속 시도해 보려 한다.

'세상의 모든 굴레와 속박을 벗어 던지고, 내 행복을 찾아'* 관계를 맺고 살아가기 위해, 욕망의 구슬조각을 모으기로 했다.** '남미새'이면서 '페미니스트'이고, '안정'과 '자유'를 동시에 꿈꾸며, '내 안의 빻은 섹슈얼리티'와 '피시(PC)해야 한다는 압박' 사이에서 조각난 채로 숨어 있는 깊고 솔직한 욕망들을 찾아 마주할 테다. 욕망의 구슬을 완성할 때까지 얼마나 걸릴지, 그 모험 속에서 어떤 빻은 요괴를 마주할지 알 수 없다. 하지만, 모든 모험이 그러하듯 좋은 동료를 만날 수도 있다고 기대한다.

나처럼 자신의 욕망을 숨기면서 스스로를 지나치게 비판하고 있는 모든 이들이 각자의 욕망을 긍정할 수 있길 바라며, '남미새 페미' 이야기를 시작한다.

---

*　유명한 〈이누야샤〉 가영이 밈, 퇴사 짤로 주로 활용된다.
**　만화 〈이누야샤〉에서 가영이는 사혼의 구슬조각을 모은다. 그 구슬의 위치는 가영이만이 느낄 수 있다.

02 욕망 숨기기: 슬기로운 페미 생활

몇 년 전 페미니즘 리부트 후 다이어트를 관두고 머리를 잘랐다. 당시 많은 페미니스트들이 그랬듯 나 역시 '사회적 여성성'을 거부하며 시위에 나가고 여성혐오적인 사회를 비판했다. 여러 페미니스트 친구들이 다양한 젠더 이슈로 남성 애인과 싸우거나 헤어졌다. 일부는 남성과의 관계와 가부장제를 모두 보이콧하겠다며 비혼뿐 아니라 비연애와 비섹스 실천까지 이야기했다.

그때 나에겐 오랫동안 만나온 남성 애인이 있었는데, 페미니스트가 된 후로 남친의 존재는 비밀 아닌 비밀이 되었다. 가족들은 여자답게 꾸미지 않는 내가 연애를 할 리 없다고 생각했고, 퀴어 프렌들리한 페미니스트 친구들은 머리가 짧은 나를 퀴어로 생각했다. 나 역시 굳이 이성애 연애를 이야기하지 않았다. '애인'이라는 단어로 퉁치거나, 언급을 하지 않고 어물쩍 넘어갔다.

전 애인에게도, 친구들에게도 미안한 일이었는데 다행히 전 애인은 내 입장을 이해해 주었다. 파도처럼 기복이 심한 나를 있는 그대로 받아주고 지지해 주는 호수 같은 사람이었다. 페미니스트 정체화와 탈코르셋 실천과 비건 지향, 모두 그의 곁에서 시작했다. '여성만이 여성을 진정으로 사랑할 수 있다'며 '레즈비어니즘'을 실천하는 친구들에게 나의 헤테로 연애 사실이 알려지면 얼마나 우습고 한심해 보일지 걱정했다(지금도 레즈비언 친구들을 보면 가끔 주눅이 든다). 그러면서도 퇴근 후 나를 데리러 온 남성 애인의 차를 타고 그의 집에 가서 그가 만들어준 채식 볶음밥과 해시브라운을 먹으면서 평안을 찾았다. 그렇지만 그 평안이란 애인과 나 둘뿐인 세상에서만 유효했다. 차별이

가득한 세상으로 나오면 여성의 몸으로 살아가는 나는
여전히 분열된 채로 존재했다.

나는 페미니스트이기 전에 아동 성폭력의 피해자였고,
오랫동안 우울과 불안을 앓았으며, 식욕억제제를 먹다가
식이장애를 겪었다. 이미 취약한 상태인 여성이 자신이 속한
폭력적인 세상에서 도피하여 젠더 권력을 가진 남성의
안온한 세계 속에서 사랑에 빠지는 것, 어쩌면 그것은
구조적으로 여성을 더 취약하고 의존적으로 만드는 것일 수
있다. 가부장제가 공고한 세상에서 여성이 남성을 만나
섹스를 하고 사랑하는 것, 동거나 결혼을 꿈꾸는 것이
여성의 권리를 저해하는 일처럼 느껴지기도 했다.

게다가 '가임기의 몸'으로 섹스를 한다는 건 얼마나 위험하고
번거로운가. 100% 피임은 불가능하다. 피임 실패를 알았을
때 배란 주기를 가늠하고 병원에서 사후피임약을 처방받아
먹으며 부작용을 온몸으로 부담해야 한다. 생리가 늦어지면
불안한 마음에 임신 테스트를 하고 그 과정에서 온갖
스트레스와 자책과 낙인을 견디면서 전전긍긍한다. 임신
가능 여부와 무관하게, 여성은 성병과 폭력 등 물리적인

리스크뿐 아니라 평판이나 불법촬영 범죄 등 사회적인
리스크까지 모두 짊어진다.

삽입 섹스를 원하는 쪽은 대체로 남성기를 가진 쪽이다.
남성의 사정 횟수로 섹스의 횟수를 카운팅하는 것은 이성애
섹스의 구성 자체가 남성중심적으로 이루어져 있다는 점을
드러낸다. 여성의 몸이 이용되는 식의 '남성향' 섹스가
이성애 포르노의 대부분을 이루고 있고, 현실에서도 여성과
남성의 섹스가 평등하기란 쉽지 않다. 아직도 남성의 성
경험은 '영웅담'이 되고, 여성의 성 경험은 '부끄럽고 숨겨야
하는 일'이 된다. '걸레'라는 멸칭이 건재하고 '퐁퐁남' 같은
새로운 멸칭도 생겨난다.

나는 운이 좋게도, 나의 안전과 쾌락을 최우선으로 두고
섹스할 줄 아는 남성 애인을 만났다. 미세한 반응에도
불편함을 감지하고 멈출 줄 알며 내가 충분히 원할 때에만
삽입하였으며, 삽입 없이 전희만도 가능하다는 걸 그는
알려주었다. 그런데 페미니스트가 되고 나서 이런 섹스가
가능한 남성이 흔치 않다는 걸 깨달았다. 알면 알수록
안전하고 즐거운 섹스를 할 수 있는 상대를 다시는 만나지

못할 것 같아 불안했고 그와 헤어지는 건 더 어려웠다.
그럴수록 죄책감과 부채감은 심해졌다.

남들은 탈가부장제를 위해 탈혼(이혼)도 하는데, 난 개인적
행복을 위해 남자친구 하나 못 잃고…. 내가 여성 인권
후퇴에 기여하고 있는 것은 아닐까?
그럼 기혼 페미니스트는? 남자 페미니스트는? 왜 미혼 여성
페미니스트들만 갑자기 남자를 잃어야 하지? 대체 얼마나
많은 여성이 남성을 보이콧해야 성평등한 세상이 오는
거지? (성욕이 왕성한) 헤테로(또는 바이, 팬섹슈얼*…) 여성들이
남성과 안전하고 행복하게 섹스할 권리를 바라는 건 너무 큰
욕심인 걸까?

복잡한 고민 안에서 모순을 느끼면서, 나 자신을 계속
검열하고 비판했다. 스스로를 비판하며 느낀 점 중 하나는,
'남성을 잃지 못하는 페미니스트'를 비판해 봤자 여성 해방은
오지 않는다는 당연한 사실이었다. 페미니즘 리부트 전에도

* 성별에 상관없이 사람에게 연애적, 성적 끌림을 느끼는 것을
뜻한다.

여성의 '성'은 언제나 부끄럽고 숨겨야 하는 것이었다. 내면에 살고 있는 유교 걸의 영향과 '헤퍼 보이기 싫다'는 여성혐오적 검열, 때로는 안전 때문에 성적 욕망을 숨겨야 하는 여성도 많다. 나 역시 남성이 나를 원할 때 거절하거나 승낙하는 위치에서만 '욕망'을 제한적으로 표현할 수 있었다.

'남성을 보이콧하는 여성'만 안전한 세상이 아니라, **여성이 누구를 욕망하고 어떻게 관계를 맺더라도 안전하고 행복한 사회가 되어야 한다.** 여성이 자신의 욕망과 행동을 그만 검열하고, 섹슈얼리티의 자유를 누리며 살아가길 바란다. 여성의 욕망을 긍정하고 섹슈얼리티의 주체성을 찾기 위해 고민하는 페미니즘이 필요하다. '남미새'를 위한 페미니즘도 필요하다는 말이다. 남성을 욕망하고 남성에게 욕망당하고 싶은 왕성한 유성애자 여성에게는 안전하고 행복하게 섹스할 권리가 있다. 동시에 원하지 않는 섹스를 거부할 권리, 원치 않는 성적 관심을 거절하고 그 거절을 존중받을 권리가 있다는(쓰고 보니 당연한데 자주 무시당하는) 사실을 이야기하고 싶다. 그래서 나의 사적인 섹슈얼리티 이야기를 팔아서라도 '남미새 페미니스트'를 가시화하고자 한다.

03 욕망의 인정: 남미새로 살아남기

여미새, 남미새라는 단어를 처음 보았을 때
솔직히 비건 자아가 먼저 반응했다.
'○○새'라는 표현이 '새끼'의 준말인 건
알지만 동물인 '새'를 떠올리게 하니,
동물권적으로 불편했다. 누군가를
조롱하거나 열등한 존재로 격하시킬 때
비인간 동물에 비유하는 건 종차별적 혐오
표현이 맞다. 비건 페미니스트인 내가
'남미새'라는 단어를 사용하는 것 자체가
누군가에겐 불편하고 문제적일 수 있다.

그럼에도 이 단어를 선택한 이유가 있다.

여미새, 남미새 콘텐츠를 몇 번 접하자 새로운 맥락이 읽혔다. 누군가는 연애를 보이콧하고, 또 다른 누군가는 연애를 포기하는 세상이다. 그러나 해가 지면 헌팅포차 줄은 여전히 길고 데이트 어플 이용자 수는 갈수록 늘어난다. 아직도 누군가는 끊임없이 누군가를 만나며 가까워지고 얽히고 섹스하고 싶은 욕망이 가득하다는 증거다. 남의 일처럼 이야기했지만, 사실 내 이야기다.

'돈에 관심 없다'고 말하는 사람이 사실은 돈에 미쳐 있다는 말을 들었다. 겉으로는 남자에 초연한 척, 쿨한 척, 관심 없는 척했지만, 사실 의식하고 살아왔다. 여성들만 있을 때의 내 모습과 무리에 남성이 한 명이라도 있을 때(그 남성이 내 취향이 아님에도 불구하고)의 태도는 은밀하게 달라진다. 이런 날 외면하고 싶지만, 그럼에도 남자에 미쳐 있는 나 자신을 인지하고 이해할 필요가 있었다.

남자들 눈에 지나치게 쉬워 보이지도 않고 그렇다고 비싸 보이지도 않는 적정 선을 찾아 행동해 왔다. 외모와 옷,

말투와 성격, 그리고 지성까지. 내가 가진 모든 자원을 활용하면서 말이다. 덕분에 스무 살 때부터 끊임없이 데이트와 연애를 하며 지냈다. 20대에 연애를 가장 오래 쉰 기간이 반년 정도인데, 틈틈이 연애를 쉰 기간을 다 합쳐도 1년 남짓이다.

끊임없이 연애를 해온 다양한 이유가 있지만, 솔로일 때의 스스로가 너무 싫다는 점도 한몫한다. 예를 들면, 내가 아는 헤테로 남자 지인들을 무의식적으로 그룹화하여 생각한다. 어떤 성애적 감정을 가질 수 없고 가져서도 안 되는 '찐 친구, 찐 동료, 찐 선후배 존'부터, 만날 확률은 낮지만 나에게 관심이 있다면 데이트까지 할 수 있는 '그냥 친구, 그냥 지인 존'. 기회가 되고 상황이 맞고 서로 호감이 있다면 만나볼 '관심 지인 존'으로 나뉜다. 연애하지 않는 기간 동안 남성 지인들을 '연애 가능성'으로 구별하고 태도를 달리 하는 나 자신이 한심하게 느껴진다. *이걸 글로 고백하고 나니 얼굴이 다 화끈거린다.*

스스로를 남미새라고 인정하는 게 쉽지는 않았다. 페미니즘을 알기 전부터, 남미새라는 단어가 있기 전부터

어느 정도 남자에 미쳐 있었지만, 욕망을 인정하고
이야기하는 것이 잘못처럼 느껴졌다. 여자는 어느 정도 모른
척하고, 아닌 척하면서 부끄러워하고, 욕망당하기를
기다리며, 순진무구한 채로 있어야 한다는 '순결
이데올로기'에 빠져 있었기 때문이다. 보수적인 집안에서
K-장녀로 자라난 나는 스스로의 성적 욕망을 오래 미워하고
부끄러워했다.

역설적으로, 페미니스트가 되었기 때문에 내가 남미새라는
것을 인정할 수 있었다. 페미니스트이면서 남미새인 게
모순적이라고 느낀 적도 있지만, 나의 성적 욕망을 인정하고
언어화할 수 있게 도와준 것 역시 페미니즘이었다. 내게
주어진 성적 억압이 가부장제에서 여성을 통제하기 위한
수단이라는 것도, 여성이 욕망의 대상이 되어온 게 차별과
여성혐오 때문이라는 것도, 모두 여성학을 배우며 알게
되었다.

페미니즘 리부트 때 탈코르셋과 비섹스 운동만 있었던 것은
아니었다. 여성의 성적 욕망과 섹슈얼리티를 긍정하고
가시화하는 여러 인물과 콘텐츠가 사회적으로 큰 반향을

일으켰다. 여성 섹스 칼럼니스트와 야한 만화를 그리는 여성 작가*, 연애와 섹스를 이야기하는 토크쇼에 출연하는 여성 연예인**도 나타났다. 페미니즘의 뜨거운 불길 속에서 전에 없던 여성의 연애와 섹스에 대한 다양한 이야기가 오갔다.

그러나 아직까지도 '여성이 자신의 욕망을 충분히 알고 실천할 수 있는 사회'를 상상하기가 쉽지 않다. 여성혐오로 인한 낙인과 차별 문제도 있지만, 실질적인 안전 문제도 있다. 여성이 섣불리 성적 욕망을 표현했다가 성폭력을 당하게 되면 '순수한 피해자'가 아니게 된다. '원한 거 아냐? 남자 좋아한다며' 하는 의심을 받는다. 같이 찍은 셀카, 만나자는 연락, 둘만 있을 수 있는 공간으로의 초대에 응했다는 이유를 근거로 성폭력 피해자들은 '무고가 아니냐'는 질문을 들어야 하는 세상이다.

남미새라고 불리던 여성이 성폭력을 당했을 때 법과 제도, 여론은 그 여성을 믿어줄까? 그러게 왜, 로 시작하는

---

* 《쌍년의 미학》 민서영 작가
** 〈마녀사냥〉 출연자들

질책으로 여성의 말과 행동을 검열하지 않을까?

남미새로 살아남기 위해서, 우리 사회는 어떤 사회가 되어야 할까. 여성이 자신의 성적 욕망을 인지하고 인정할 수 있어야 하며, 자유롭게 표현할 수 있어야 한다. 또한 성범죄의 타깃이 되어선 안 된다. 여성의 건강권과 재생산권을 위한 여성의원 치료나 검사 비용도 좀 더 지원되어야 하고, 낙태죄 폐지 후 몇 년간 제자리걸음인 임신 중지를 위한 의료법과 제도, 연구와 지원이 필요하다. 이외에도 영유아와 청소년들을 대상으로 한 성교육부터 보다 성평등한 미디어 콘텐츠와 문화까지, 수많은 변화의 조건들이 떠오른다.

이 조건들은 사실 페미니스트들이 외쳐왔고 활동해 왔던 내용이라는 것을 깨닫는다. **결국 페미니스트들이 바라는 성평등한 사회가 오면, 남미새도 더 자유롭고 안전하게 살아남을 수 있다.**
'남미새'랑 '페미니스트'는 서로 모순되는 정체성 충돌이 아니다. 같은 세상을 꿈꾸고 있는 아군일 수밖에 없다는 걸 더 많은 사람들이 알았으면 좋겠다.

 욕망과 신체: 예쁘고 싶지만 예쁘고 싶지 않아

□

"오늘 왜 이렇게 예뻐? 평소보다 더 예쁜 것 같아."

애인에게 이런 말을 들으면 대부분은 기분이 좋을 것이다. 심지어 페미니스트인 나도 솔직히 기분이 좋다. 여성혐오적인 사회에서 '여성'으로 길러지면서 학습된 결과든, 본능적인 것이든, 누군가에게 예뻐 보이고 싶다는 욕망은 쉽게 사라지지 않는다. '예뻐야 한다'는 외모 코르셋을 벗으려고 그렇게나 노력한 게 무색하게 말이다.

2018년 이후 '탈코르셋 운동'이 있었다. 관련해서 수많은 기사, 연구 논문, 책이 나왔으며, 당시 〈탈코일기〉라는 만화책은 펀딩 금액 1억 9천만 원을 기록했다. 탈코르셋을 다룬 최초의 픽션 만화였는데, 탈코르셋에 대한 고민과 도전 과정, 페미니즘 부상과 동시에 재편되는 여성의 인간관계에 대해 그렸다. 외모 압박을 벗어나는 과정과 함께 가족과 친구, 애인 간의 관계를 다채롭게 다루고 있어 페미니스트들 사이에서 깊은 공감대를 형성하며 큰 인기를 끌었다. (나 역시 세 세트 정도 샀다.)

당시 10~20대 페미니스트 여성을 중심으로 빠르게 커졌던 탈코르셋 운동은 여성에게만 요구되어 온 꾸밈과 외모에 대한 압박에 저항하기 위한 것으로, '디폴트 운동'이라고 불리기도 했다. 나도 그때 화장, 긴 머리카락, 네일, 하이힐, 불편한 여성복 등을 버리고, 다이어트를 처음으로 관뒀다.

그전까지는 외모에 대한 압박이 심한 편이었다. 페미니스트가 된 후, 페미니즘 스티커를 붙인 노트북을

밖에서 당당하게 열기 위해서는 그날 외모 상태가 좋아야 한다고 생각할 정도였다. 얼굴이 부었거나, 피부가 안 좋거나, 입은 옷이 별로면 밖에서 페미니즘 스티커 하나조차 꺼내지 못했다. 내가 못생긴 채로 페미라는 사실이 밝혀지면 '페미니스트는 못생긴 여자들이나 하는 거다'라는 조롱에 힘을 실어줄 테니, 페미니즘 운동에 민폐를 끼칠 수 있다는(지금 생각하면 아주 이상하지만, 그때는 진지하게) 걱정을 했다.

이런 압박은 당연하게도 내가 자라온 세계 때문이다. 우리나라는 외국인이 성형 의료 관광을 올 정도로 성형과 시술이 발달한 데다가, 여성 뷰티 유튜버도 굉장히 많다. 또한 아직도 많은 일터에서 여성의 적절한 데일리 메이크업은 예의라고 생각한다. 이 모든 것은 '여성이 아름다워야 한다'는 사회적 압박과 무관하지 않다. '여자가 예쁘면 고시 3관왕'*이란 오랜 농담부터 여성의 외모를 비하하는 온갖 멸칭이 있었는데, 지금도 여성의 외모는 하나의 '능력'으로 간주된다.

엄마가 나를 낳고 아빠에게 들은 첫마디는 *"예쁘게 키워"*였다.

일곱 살 때부터는 '재색을 겸비한 여성이 되어야 한다'는 말을 들었다. 여자가 아무리 똑똑해도(재능이 있어도) 예쁘지 않으면(색을 갖추지 못하면) 경쟁력이 없다는 거다. 초등학교 저학년 때, '여자는 귀걸이를 해야 예쁘다'며 귀를 뚫었고, 중학생 때는 '키가 안 커서 신을 수 있겠다'며 하이힐을 받았다. 스무 살이 되자 당연한 절차인 듯 쌍꺼풀 수술과 치아교정을 했다. '코도 높이고 싶으면 할래?'라는 말도 들었다. 피부에 작은 트러블이라도 나면 피부과에 가라고 혼났고 조금만 살이 찌면 식욕억제제를 권유받았다. 염색이나 펌을 안 하면 '촌년처럼 보인다'는 말을 들었다. 이 모든 게 나를 괴롭히려고 그러는 게 아니라, 잘되라고 하는 말이라는 게 나를 더 미치게 했다.

자연스레 나는 날씬하고 매끈한 몸에, 투명한 피부를 지니고, 뚜렷한 이목구비에, 잘 관리된 머리카락을 가진 여성으로

* "여자가 예쁘면 고시 3관왕"이라는 말은 여자의 외모가 아름다운 것은 어려운 시험을 세 가지나 통과한 것과 마찬가지라는 뜻이다. 이는 여성의 외모 자원과 남성의 능력 자원을 견주는 성차별적인 농담이다. 여자가 예쁘게 태어난 것은 세 가지 고시를 통과한 사람의 인생처럼 인정받고 대우를 받으며 여러 이점이 있다는 뜻을 내포한다.

보이기 위해 노력했다. 그 과정에서 작은 키와 두꺼운 허벅지, 말랑한 팔뚝, 피부에 난 옅은 주근깨와 턱 아래에 있는 살도 모두 미워하게 되었다. 내 몸의 아주 작은 부분들—통통한 발가락과 대칭을 이루지 않는 얼굴 모양, 엉덩이 라인과 등의 모양—까지도 미세하게 미워했다. 늘 적게 먹어야 한다는 압박에 시달리며 얼굴 아래 난 털은 모조리 제모하고, 강박적으로 피부와 머릿결에 집착했다. 작은 키와 짧은 다리를 감추기 위해 굽이 있는 신발을 종종 신었는데, 발목을 자주 삐어서 인대가 멀쩡할 때가 별로 없었다. 충분히 먹지 않아 빈혈과 감기와 소화불량을 달고 살았다. 식욕억제제를 먹고, 과식한 날은 물을 마셔가며 토했으니 위염과 식도염도 피할 수 없었다. 머릿결을 위해 헤어팩을 하다가 두피에 지루성 피부염도 생겼다. 면역력이 떨어진 상태로 제대로 된 영양분을 섭취하지 않으니 지루성 피부염은 건선이 되어 이마까지 내려와 몸까지 퍼지기 시작했다.

그런 나에게 탈코르셋 운동은 해방 그 자체였다.

식욕억제제를 끊고 정상 체중으로 편한 옷을 입고, 머리를 감고 말리는 시간만큼 잠잘 시간을 확보했다. 당연히 체력이 좋아졌다. 운동화와 스포츠 브랜드의 굽 없는 샌들을 신자 발과 발목이 편해졌다. 발이 아플 때는 언제든 빨리 앉아 쉬고 싶었는데, 그런 생각에 시달리지 않고 밖에서 시간을 보낼 수 있었다. 내 몸을 미워하는 마음을 조금 줄였을 뿐인데 인생을 바라보는 관점도 변했다. 남들 눈에 어떻게 보이는지보다 내 몸과 감정, 생각, 가치관이 더 중요하다는 걸 깨달았다. 나의 몸은 살아가야 할 터전이자 존재 그 자체였다. 누군가의 눈요기도 아니고 마음대로 평가하거나 지적할 수 있는 대상이 아니라는 당연한 사실을 절감했다.

그런데! 그렇게 건강해지고 깨달음을 얻어도, 여전히 '예쁘고 싶다'는 욕망은 버리지 못했다는 사실이 놀랍다. 예전만큼 내 신체를 혐오하거나 불화하지는 않지만 여전히 내 몸을 조각조각 나누어 평가하고 남과 비교할 때가 있다. 나를 섹슈얼하게 바라보는 이들의 눈으로 내 몸을 바라보면서 충분히 섹시한지, 매력적인지, 섹스할 만한지 생각한다. 그냥 지나치는 남성, 우연히 옆에 앉은 남성, 나와 가까운 남성 모두 나를 예쁘다고 생각하면 좋겠다. 어떤 옷을 걸치고 무슨 머리를 하고 얼마큼 꾸몄든 간에,

매력적이고 아름답다고 느끼길 바란다.

그럼에도 불구하고 남성의 '*예쁘다*'는 칭찬을 어떻게
받아들여야 하는가, 하는 문제는 쉽게 풀리지 않는다. 그 말을
들으면 행복한 동시에 조금 불편하고, 불안하며, 찝찝하다.

분명히 내가 원하던 말이었는데, 예쁨받고 칭찬받았다는
기쁨을 온전히 누릴 수 없다. 온 세상이 여성의 외모를
자연스럽게 평가하고, 외모로'만' 평가한다. 여성은 아름다운
외모를 갖는 게 당연하다고 이야기하는 성차별적인
사회에서, 남성에게 외모 칭찬을 받는 건 어쩔 수 없이
불편한 데가 있다. 나의 다른 면을 보지 않고 외모만 보고
만나는 남성도 싫지만, 반대로 내 외모를 칭찬하지
않으면서(예쁘다고 생각하지 않으면서) 나를 만나는 남성도
견딜 수 없다.

오늘 왜 더 예쁘다고 하지? 오늘 뭐가 다른 거지? 평소보다
오늘 예쁜 거면, 평소에는 충분히 예쁘지 않다는 건가? 내가
덜 예쁘면 덜 좋아하는 건가? 생각이 꼬리에 꼬리를 물고
불안해진다. 그냥 쟤 눈에 예쁘구나, 하고 받아들이면 되는데

'충분히 아름답지 않다'며 몸을 미워하며 살아온 시절이 있어서 그게 쉽지 않다. 예쁘다는 말은 계속해서 족쇄가 된다.

그걸 알고 있으면서 외모 칭찬을 계속 듣고 싶어 하는 나의 욕망이 너무 답답하고, 스스로의 지위를 '남성에게 외모로 평가당하는 대상'으로 끌어내리는 것 같아 찝찝하다. 시선의 권력을 내어주고, 몸을 대상화하는 데 적극적으로 기여해 버린 기분이다. 페미니스트라고 선언해 놓고 남성에게 '예쁘다'는 말을 듣고 싶어서 주체적으로 코르셋을 주워 입고 있는 모습이 부끄럽기도 하다.

동시에 '화떡녀'나 '강남미인' '성괴' 등** 여성이 아름다워지기 위해 노력하는 것을 비하하고 조롱해 온 맥락을 생각하면, '예쁘고 싶은 여성'을 무작정 비난하고 부끄럽게 생각하는 것이야말로 여성혐오적이라는 생각이 든다. 여성의 외모가

** '화떡녀'나 '강남미인' '성괴' 등은 모두 외모에 자원을 투자하고 신경 쓰는 여성을 비하하는 말이다. 화떡녀는 '화장을 떡칠한 여성', '강남미인'은 '성형을 많이 한 여성', '성괴'는 '성형괴물'이라는 뜻이다.

자원이자 능력이 되는 사회를 규탄해야 하지만, 실제로 여성의 외모가 자원이 되는 세상에서 그 자원을 포기하라고 하는 것은 언제나 옳은가? 나의 외모 역시 연애 시장에서뿐 아니라 사회활동에서도 자원으로 기능한다. 이번 〈남미새 페미 연재〉 홍보 이미지에도 예뻐 보이는 사진을 전략적으로 골라 넣으면서, 매력적인 사진일수록 눈에 띄는 홍보물이 될 거라는 계산을 하기도 했다.

예쁘고 싶지만, 또 그만 예쁘고 싶은 이 마음, 대체 어째야 할까? 지금 이 순간에도 내 몸을 공유하는 페미니스트 자아와 남미새 자아는 머리를 기를지 말지, 립을 바를지 말지, 원피스를 입을지 말지 열심히 갈등하고 있다. 탈코르셋 유행이 지나간 지금에도 도처에 코르셋은 넘쳐난다. 물리적인 코르셋이 아니라 마음속 코르셋도 끝나지 않는다. 아마 영원히 내 안의 코르셋과 싸우고 불화하면서 '탈코르셋' 중이지 않을까?

05　욕망과 안전: 그 많던 가해자들은 모두 어디로 갔을까

친구 10명이 함께 여행을 갔다가 충격적인 사실을 마주한 적이 있다. 그 자리에 있던 10명의 여성이 모두 최소 1회 이상의 성폭력 피해 경험을 가지고 있었다. 그러나 그중 아무도 가해자를 경찰에 신고하지도 공론화하지도 못했다. 성희롱부터 성추행, 성폭행 등 다양한 케이스가 있었는데 제대로 된 대응은커녕, 사과조차 받지 못한 경우도 많았다. 평균을 내면 인당 2~3회의 피해 경험이 있는 셈이었다. 그렇다면 최소

20~30명 이상의 성범죄자가 도망치거나 모른 체하거나
연을 끊는 방식으로 빠져나갔다는 계산이 나온다.

어떤 폭력은 아주 어릴 때 일어났다. 미취학 아동이었을 때
옆집에 살던 사촌오빠에게 주기적으로 성폭력을 당했다.
피해자는 나 혼자가 아니었다. 이후에 나보다 어린 사촌동생
역시 그에게 성폭력을 당했고, 그 사실을 듣고 나서야 내
피해 사실을 말할 수 있었다. 내가 먼저 말했더라면 추가
폭력이 없지 않았을까 하는 생각에 오랫동안 자책했다. 이후
'일베'나 '오유' 같은 남성 커뮤니티에서 설이나 추석마다
사촌 여동생의 몸을 만지거나 촬영해서 인증하는 놀이 같은
게 있다는 것을 알았을 때 가해자들을 모두 모아
불태워버리고 싶을 정도로 화가 났다.

얼마나 많은 피해자가 그 경험을 덮으며 살고 있을까.
누군가는 말한다. 왜 그때 말하지 않았냐고. 질문을 바꾸고
싶다. 왜 우리를 말하지 못하게 했냐고. 왜 말할 수 없게
만들었냐고. 어디에 어떻게 말해야 하는지, 왜 아무도
알려주지 않았냐고. 말해도 왜 없는 일처럼 덮기 급급했냐고.

흔하게 일어나는 폭력도 있었다. 중학생 때 학원 가는 버스에서 내 치마 밑에 대고 사진을 찍거나, 계단을 오를 때 몰래 엉덩이를 만지고 도망가는 학생들이 있었다. 손이 벌벌 떨리고 눈물이 나오는 걸 참고 수업을 들었다. 쉬는 시간에 친구들에게 울며 이야기하니 다들 그런 일이 빈번하게 일어나는 것을 이미 알고 있었다. 그렇지만 증거도 없고 누군지 일일이 알아낼 수도 없으니, 신고하거나 문제 제기하는 게 쉽지 않았다. 친구나 가족들 모두 '여자가 알아서 조심해야 할 일'이나 '운이 없어 당한 일' 정도로 치부했다.

'엉만튀' '슴만튀' 같은 유행어가 나올 정도로 수많은 남성 청소년이 여성의 몸을 몰래 만지고 도망쳤다. 우리는 이를 제대로 처벌해 오지 않았다. 오히려 사과나 처벌을 요구하는 여성들에게 '만진다고 닳는 것도 아닌데, 비싸게 구네' '역시 여자들은 예민해'라며 2차 가해하기 일쑤였다. 오늘도 그들과 같은 공기를 마시면서 같은 하늘 아래 살아가고 있다는 사실이 숨 막힐 때가 있다.

고등학생 때였다. 학원이 끝나고 집에 가는 길에 어떤 남자

선배가 따라오며 말을 걸었다. 분명하게 거절했는데도 계속 따라오니 무서웠다. 집에 가서 말했더니, '평소 걔한테 웃어준 거 아니냐'는 말을 들었다. 이후 나는 학원을 옮겨야 했다. 스토킹 범죄 때문에 이사를 하거나 학원, 학교를 옮겨야 했던 친구들을 알고 있다. 제대로 된 대응이나 처벌 없이, 여성 피해자가 알아서 잘 대처해야 하는 상황을 여러 번 보면서 '이 국가는 여성을 주권을 가진 국민으로 보고 있는 건가?' 하는 생각마저 들었다. 범죄를 막기 위해 가해자 대신 피해자를 검열하는 사회에서, 범죄는 반복되고 여성들은 위축된다.

아주 친밀한 사이에 일어나는 폭력도 있다. 연애 또는 연애 전 단계의 관계에서도 충분히 성범죄는 일어날 수 있다. 피임을 하기로 합의하고 섹스를 하는 중에 일방적으로 피임기구를 없애거나, 하기 싫거나 그만하고 싶다고 이야기할 때 힘으로 강제하기도 한다. 피해자 몸에 증거가 남지 않도록 온몸을 구석구석 부드럽게 씻기고, 다정한 말로 사과하고 애원하는 경우도 있다. 카톡 등으로 서로 호감이 있다는 정황 증거가 남아 있으니까 그 후로 어떤 일을 당해도 '성폭력일 수 없다'며 피해자를 협박하기도 한다. 회유와 애원과 협박을

동시에 하는 가해자를 보면서, 피해 경험자는 우선 그
자리를 벗어나 안전해지기 위해 협조적으로 행동할 수밖에
없다. 그런 태도는 다시 '무고'를 의심받게 하는 근거로
작동한다.

게다가 원하지 않는 성행위에도 몸은 물리적으로 반응할 수
있다. 여성의 성기는 외부 물질이 닿으면 물리적 충격과
병균으로부터 스스로를 보호하려고 액체를 내보낸다. 흔히
'흥분'의 결과로 알고 있어 '애액'이라고 불리는 액체다.
게다가 클리토리스를 자극하면 질 내부가 긴장할 수 있다.
실제로 성폭행을 당하는 중 오르가즘을 느끼는 사례도 있다.
그러나 몸이 반응했다고 해서 그것이 폭력이 아닌 것은
아니다. 미국 심리학회는 "성폭력 중 오르가즘은 신체의
반응일 뿐, 심리적·법적 동의와는 무관하다"*고 밝히고 있다.

> * "성폭력 중 오르가즘은 신체의 반응일 뿐, 심리적·법적 동의와
> 는 무관하다. 이로 인해 피해자가 자신의 피해를 더 부정하게 되는
> 문제가 발생한다." (American Psychological Association (APA), Trauma
> Studies)
> "성적 자극 없이도 생리적 성 반응은 다양한 맥락에서 유발될 수 있
> 다. 이 반응은 쾌락이나 동의와 무관할 수 있다." (M. Janssen, R.
> Bancroft, "The Dual Control Model of Sexual Response")

그럼에도 수많은 여성들은 그러한 경험으로 인해 스스로를 자책하고, 검열하며, 폭력을 폭력이라고 주장하지 못하게 된다.

그 외에도 피해자가 신고를 못(안) 했던 이유는 너무 다양하다.
'신고하고 재판하느라 드는 돈과 시간을 감당할 수 없었다' '가해자가 빠르게 도망갔다' '시험기간이었고 장학금 때문에 그런 데 시간을 뺏길 수 없었다' '괴로워서 잊고 싶었다' '증거가 없었다' '증거도 충분하고 너무 괴로워서 신고할까 했지만, 용기가 없었다' '이 사실이 알려지면 부모님이 놀라실 것 같았다' '내 잘못이 아닌데 내가 더러워진 기분이었다' '신고해 봤자 나에게만 흠일 것 같았다' '동의하지 않은 섹스를 강요당했다는 게 부끄럽고, 화가 나고, 인정하고 싶지 않았다' …

그렇게 신고당하지 않은 수많은 남성 가해자들이 지금, 우리 사회에 함께하고 있다. 다른 사람들은 그 사람이 성폭력을 저지른 것조차 모른 채 좋은 아들, 좋은 동료, 좋은 오빠, 좋은 남자친구, 좋은 아빠라고 생각한다. 앞으로 계속 그렇게 살아갈 거라는 사실이 새삼스럽게 소름 끼쳤다. 지금까지 얼마나 많은 남성들이 그런 식으로 빠져나갔을까? 얼마나 많은 여성들이 신고하지 않고 넘어가고 있을까? 내가 좋아하게 된 그 남자가 단 한 번의 성범죄도 저지르지 않았다고, 어떻게 확신할 수 있을까? 모두가 존경하던 남정치인, 남작가, 남프로듀서, 남전문가들이 가해자로 지목당했던 미투 운동을 떠올려보면, 인성과 지성, 학벌, 재력 등 그 어떤 조건도 남성이 성폭력 가해자가 아님을 담보하지 않는데….

성 경험과 폭력, 섹슈얼리티와 안전, 신체에 대한 인식과 신체를 침해당한 경험은 모두 딱 붙어 있는 문제다. 이런 의심과 불안, 트라우마 속에서 남성을 믿고 좋아하는 것은 정말 어려운 일이다. **근데 그 어려운 일을 나는 해버리고 말았다. 이거야말로 내가 남미새라는 증거 아닐까?** 이렇게 남성에 의한 성폭력이 흔한 사회에서 또 남자를 믿고 만나며 가장 취약한 모습을 보여주기로 결정한다. 그런 결정을 하는 여성들이 나 말고도 많다. 통계청에 따르면 2024년 혼인 건수는 총 22만 2,000건으로, 전년 대비 14.8% 증가하였다. 한편 2024년 성폭력 범죄는 2021년(3만 2080건)에 비해 26.3%나 증가했다.(2024 통계로 보는 남녀의 삶) 이것을 남성에 의한 폭력이 만연한 사회에서도, 온전히 사랑하고 기꺼이 가족이 되기로 결심하는 여성이 많다는 증거로 봐도 되지 않을까.

이런 사실을 생각하다 보면, 이 세상은 사실 '남미새 월드'가 아닐까 싶다. 수많은 남미새들의 욕망과 안전을 위해 우리 사회가 성폭력 없는 세상을 향해 나아가야 한다는, 뻔하지만 이루어지기 어려운 염원을 이야기하고 싶다. 이 글을 읽으면서 자신이 겪은 폭력이 떠올라 힘들었을 피해 생존자 독자들을 생각하면 마음이 아프지만, 그 피해 경험을 기꺼이 인정하고 발화하길 바란다. 그렇게 더 많은 폭력이 가시화되면 전보다 더 안전한 세상이 되지 않을까?

06 욕망의 근원: 내 빨은 섹슈얼리티의 뿌리

◻

이성애자 남성이 여성에게 **사랑한다**고 말하는 건 사실 너와 섹스하고 싶어, 라는 말 아닐까? 만약 '오늘 하루만 섹스하고 싶어'의 뜻으로 사랑을 말하면 가벼운 사람이 되고, '당분간 너랑도 섹스하고 싶어'로 말하면 바람둥이가 된다. 그런데 '일정한 기간 동안 주기적으로 너랑만 섹스하고 싶어'가 되면 로맨틱하게 느껴지고, '평생 너랑만 섹스하고 싶어'의 뜻이라면 이제야 진정한 사랑이라고 여겨진다.

사실 이 생각은 이성애자 남성을 모두 '섹친자(섹스에 미친자)'로 일반화하는 오류를 포함한다. 로맨스를 느끼는 건 어렵지만 섹스하고 싶다는 욕망은 너무 선명하니까, 사랑과 섹스를 혼동하고 있는 것일지도 모른다. 그렇다면 나는 섹스를 싫어하냐? 하면, 그렇지 않다. 동시에 남성과 사랑과 섹스를 모두 조금씩 불신하고 있는 것도 사실이다.

남성은 언제든 나를 다치게 할 수 있고, 마음대로 만지려고 하며, 내 기분이나 거절은 무시하고 섹스하고 싶어한다.*
학생 때는 가까이 하면 혼나기까지 하니까 어떻게든 거리를 두어야 하는 존재였다. 남성을 무서워하고 불신하는 동시에, 그들이 나를 욕망한다는 데에서 기쁨을 느끼기도 했다. 위험을 무릅쓰고 그 '선'을 넘고 싶었다. 나만 욕망의 대상이 되는 게 아니라, 나 역시 적극적으로 그들을 욕망하고 싶었다.

*   모든 남자가 그렇지 않다는 걸 알지만, 지뢰판별법을 모른 채 지뢰가 묻힌 땅을 걸어야 하는 건 마찬가지다.

남성의 폭력성이 정말 싫지만, 솔직히 폭력적인 모습에 성적으로 더 끌리는 경우도 있었다. 이런 이상한 욕망이 어디에서부터 시작된 건지 기억을 거슬러 올라가 보기로 했다. 나를 존중하고 자유롭게 두면 좋겠는데, 또 나를 너무 욕망해서 강하게 통제해 줬으면 하는 이 모순적이고 빻은 **욕망. 대체 어디에서 온 걸까?**

열두 살 겨울방학 때 방학 숙제를 위해 인터넷으로 각 나라의 전통의상을 검색하던 중 인생 첫 '야한 사진'을 마주했던 기억이 떠오른다. 어떤 블로그에 외국 여성의 '섹시한' 전통의상 코스프레 사진이 올라와 있었다. 나체나 다름없는 여성들이 야릇한 표정을 짓고 자신의 몸을 쓰다듬거나 보여주는 사진이었다. 나는 죄를 지은 것 같은 기분이 드는 동시에 계속해서 그런 사진을 보고 싶어졌다. 이후 숙제를 한다면서 방문을 닫고 인터넷으로 야한 사진을 찾아보는 날들이 있었다. 그러다 처음으로 야한 동영상을 보게 되었고, 어떻게 자위를 하는지도 알게 되었다. 블로그나 카페에 야동이나 불법촬영물 같은 게 검열 없이 올라오고, 성인 인증 없이 쉽게 볼 수 있던 '야만의 시대'였다.

야한 영상을 보고 자위를 하고 난 다음에는 항상 극심한 수치심과 자기혐오에 시달렸다. 자위를 하고 나서 인터넷 기록을 지우고 컴퓨터를 끌 때마다 앞으로 절대 하지 말아야지, 이번이 마지막이야, 다짐했던 기억이 난다. 일상 속에서 어른들이 요구하는 규범을 지키며 열심히 살아가는 '나', 거짓말을 하고 야한 것을 보며 자위하는 '나'는 내 안에서 철저하게 분리되었다. 이 둘은 한 몸을 공유하지만, 후자는 절대 밖에 알려져서는 안 됐다. 성적 욕망을 가진 나는 더럽고, 여성스럽지 못하고, 사랑받을 자격이 없는 존재처럼 느껴졌다.

다양하게 빻은 포르노들을 보면서, 누군가에게 욕망당하는 상상을 하고 흥분했다. 나는 원하지 않는데, 나를 너무나도 원해서 미쳐버린 상대에게 강렬하게 당하는 상상 같은 것. 보통의 여자애라면 절대 해서는 안 되는, 부끄럽고 수치스러운 상상이라는 것을 초등학생인 나는 이미 알았다. 가부장제도 페미니즘도 몰랐지만, 그런 상상이 나의 지위를 추락시킨다는 것을 본능적으로 느꼈다. 여성이 '성적 욕망'을 가지는 것 자체로 취약해질 수 있다는 문제. 사실 '욕망당하는 것'은 내가 아무리 원해도 스스로 선택할 수 있는 조건이 아니라, 선택 '당해야만' 가능한 것이라는 문제.

나는 나를 욕망하는 상대에게 '어떤 포르노를 보냐'고 물어보곤 한다. '네가 본 최초의 포르노가 기억나냐'고 묻기도 하고, '어떤 장르/이야기/특징을 가진 포르노를 좋아하냐'고 질문하기도 한다. 그 사람이 본 포르노를 알면 그 사람의 섹슈얼 판타지를 알 수 있다. 여자가 오르가즘을 느낄 때 분수처럼 물을 뿜거나 울음을 터뜨리는 모습에 대한 환상을 가진 사람도 있고, BDSM*이나 야외 플레이를 원하는 사람도 있다. 그 모든 욕망은 대체로 포르노를 통해 학습된다. 섹슈얼한 행위에 대한 기대와 상상력은 화면 너머 만나온 구체적인 장면들과 연결되어 있으니까. 남의 옷을 빌리는 것보다 남의 욕망을 빌리는 것이 더 쉽다고 했다. 포르노 월드에 살고 있는 우리의 성적 욕망은 우리가 만나온 포르노와 긴밀하게 연결되어 있을 수밖에 없다.

---

* 지배와 복종, 롤 플레잉, 감금, 기타 인간 상호 작용을 포함하는 다양한 성적 활동을 말한다. BDSM에 대한 관심은 일회성 실험에서부터 평생의 생활 방식에 이르기까지 다양할 수 있으며, BDSM이나 특이한 성적 정체성 또한 성적 지향의 한 형태에 해당하는지는 논쟁의 여지가 있다.

여성 대상화가 디폴트인 남성중심적인 포르노 세계에서, 여성은 자신의 신체를 대상화하면서 흥분하는 법을 배운다. 나를 처음 흥분시킨 것도 여성의 대상화된 모습이었고, 많은 여성들이 남성의 몸이 아닌 여성의 몸을 보며 흥분한다. 실제로는 헤테로 섹스를 한다고 해도 말이다. 많은 여성이 여성의 몸은 섹시하다고 느끼지만 남성의 몸은 섹시하다고 생각하지 않으면서 남성과 섹스를 한다. 여성향 포르노라고 해도 남성의 외모가 조금 나아지는 거지 '야하게' 느껴지지 않고, 여성의 외모가 덜 아름다워지거나 '덜 야해지는' 것은 아니다. 여성이 대상화되지 않는 포르노를 찾는 것은 아주 어려울 뿐더러, 그걸 '야하다'고 느낄 수 있을지는 또 다른 문제다.

실제로 내가 열두 살에 처음 마주한 포르노는 서른 살이 넘은 지금까지 지대한 영향을 주고 있다. 그 후로 수많은 포르노를 보고, 자위를 하고, 실제로 연애와 섹스를 경험했는데도 말이다. 그 사이에 내 몸을 혐오하면서 식이장애를 겪고, 퀴어 정체성을 깨닫고, 페미니즘을 만나면서 탈코르셋을 했다. 그러고 나서도 이성애 섹스를 잃지 못하며 또다시 내 몸을 혐오하게 되는 지난한 과정이 있었다.

지금도 나는 빻은 욕망과 부끄러움, 주도적이어야 한다는 압박과 더 피시해야(정치적으로 올발라야) 한다는 검열, 그리고 교제 폭력이 난무하는 현실에서 유성애(특히 이성애) 전시를 하는 게 맞는가 하는 문제 사이에서 계속 갈팡질팡한다. 그러면서도 내 안의 **모순과 빻음**을 인정하고 드러내는 게, 나와 여성들이 '더 나은 연애 관계'를 경험하고, '더 나은 섹스'를 누리기 위해 필요하다고 생각한다.

어떤 욕망이 맞고 틀린지 판단만 하다 보면, 계속해서 틀린 나를 검열하는 나만 남는다. 경험적으로 서로의 욕망을 존중하며 대화하는 섹스, 안전하다는 감각 속에서 기꺼이 자유로울 수 있는 섹스가 좋다고 생각한다. 하지만, 사실 그런 섹스마저도 기존에 가지고 있던 빻은 성적 환상에서 완전히 자유로울 수는 없다. 더 많은 '남미새 페미니스트'들이 자기 욕망의 옳고 그름을 검열하기보다, 그 불완전함을 긍정하고 수용하며 자유롭게 살아가면 좋겠다. 이렇게 생각하는 사람들이 더 떠들고 나대면서 섹슈얼리티에 대해 이야기하면, 그 자유가 더 빨리 올 수 있지 않을까 상상해 본다.

07 욕망 말하기: 우리의 실패담이 넘쳐나기를

글을 쓰면서 쌓였던 메모들을 모두 다시 읽어보았다. 다른 곳에 쓰겠지 하고 Ctrl+X 해서 옮겨두었다가, 어디에도 넣을 구석이 없어서 버려진 문장들이 있다. 맥락을 벗어나버렸거나, 때로는 지나치게 구체적이라서, 반대로 너무 납작해져서 지루해진 이야기. 기준을 충족하지 못해서 글 바깥에 꽁꽁 숨겨지고 감춰진 글자 뭉치들.

- 틴더 프로필에 일하는 분야도 적어두었는데, 사업을 하는 남성이 마케팅 컨설팅을 의뢰해서 갑자기 광고 외주 일을 한 적도 있다. → 맥락을 벗어난 틴더 썰. 재미있지만 산으로 가서 삭제.
- 그렇게 여성들이 자신의 섹슈얼리티와 불화하고 욕망의 언어를 잃어버리는 동안, 남성들은 자신의 섹슈얼리티를 모순 없이 받아들이고, 욕망에 따라 행동하는 데 제약이 없는 삶을 누린다. 그러면서 여성에게 말한다. "네가 마음만 먹으면 누구나 너랑 섹스하려고 할 텐데, 부럽다"고. 나는 남자들이 더 부럽다. → 지나치게 개인적 감정이 들어감. 남성들도 모순이 없지 않을 테니 삭제.

글쓰기의 잔해를 뒤지다가, 문득 이런 생각이 들었다. 어쩌면 '섹슈얼리티' 역시 오랫동안 그렇게 실패하고 버려져 온 거 아닐까? 결혼과 출산은 섹스 없이 (거의) 불가능하다. 그럼에도 불구하고, 낮은 출생률로 온 나라가 난리를 치는 것에 비해(포궁을 가진 당사자인) 여성들의 섹슈얼리티 문제는 굉장히 비가시적이다. 유럽에서는 청년의 주거권이 '안전하게 섹스할 권리'와 직결된다는 이야기가 나오고 있다는데 말이다.*

물론 섹스를 하고 싶다고 해서 결혼과 출산을 하고 싶어지는 것은 아니지만, 반대로 섹스조차 안 하고 싶은데 대체 어떻게 연애와 결혼과 출산을 할 수 있을까? 출생률 문제를 부동산과 경제 문제로만 바라보는 중년 남성 정치인 무리를 볼 때마다, 실제로 출생률에 기여할 수도 있는 나(만 30세의 가임여성) 같은 사람의 이야기를 듣지도, 이해하지도 않으면서 어떻게 문제를 해결하겠다는 건지 궁금하다.

여성들이 지금 만나는 남성과 즐겁고 안전하게 섹스할 수 없다면, 남성과의 섹슈얼한 관계를 계속 보이콧할 것이다. 그러면 남성과 안정적인 관계를 맺거나 결혼을 하는 미래는 그릴 필요가 없어진다. 게다가 우리나라처럼 정상 가족 바깥의 출산과 육아가 어려운 세상에서, 혼외 임신과 육아를 원하는 여성은 (계속 늘어나긴 할 테지만) 손에 꼽을 만큼 적다.

> * 유럽연합 청년 포럼(European Youth Forum)은 청년들의 주거 문제와 관련하여, 안정적인 주거 환경이 청년들의 전반적인 삶의 질과 권리에 미치는 영향을 분석한 보고서를 발간하였다. 이 보고서에서는 청년들이 적절한 주거 공간을 확보하지 못할 경우, 개인적 프라이버시와 안전한 성생활을 포함한 기본적인 권리가 침해될 수 있다는 점을 지적하고 있다.

출산을 위해 섹스가 이렇게나 중요한데(?) 놀랍게도 우리 사회는 아직도 섹스 이야기를 터부시한다. **여성의 섹스 이야기**는 더욱 그렇고, 그중에서도 **'정상 섹슈얼리티 경험'**에서 벗어난 섹스 경험은 더더욱 그렇다. 여성에게 기대하는 이상적인 섹슈얼리티 경험은 '1-2회의 짧은 연애 후에(또는 아예 연애 경험이 없다가) 평생 함께할 반려자를 만나 사랑에 빠지고 연애-결혼-출산-육아로 이어지는 루트를 따르는 것'이다. 그 범주 바깥에서 성적 욕망을 보이거나 경험하면, 그 여성을 비난하는 건 당연하다고 생각한다.

짧게 사귀고 헤어진 관계, 오래 만났지만 결혼하지 않고 헤어진 관계, 동거하다가 헤어진 관계, 너무 많은 연애 경험, 사귀지 않고 섹스만 하는 관계, 여러 명과 사귀는 관계, 누구하고도 사귀지 않고 여러 명과 섹스하는 관계, 사귀지만 섹스는 하지 않는 관계, 사귀다가 헤어지다가를 반복하는 관계, 외국인과의 섹스, 원나잇, FWB** 등…

이 모든 성적 경험은 존재하지 않거나, 존재해서는 안 되는

** Friend with Benefits. 성적인 활동을 공유하지만 연애 감정이나 헌신은 없는 친구 관계.

것처럼 꽁꽁 숨겨진다. 여성은 자신을 사랑하는 이성애자 남성과 연애 중인 경우, 또는 결혼하기로 합의된 경우에만 섹스가 허용된다는 암묵적인 합의가 있었던 듯하다. (더 이전에는 결혼 후에만 허용 및 강제되었던 부분이지만….) 그 와중에 남성은 이런 제약에서 훨씬 자유롭다. 이성애자 남성은 청소년기부터 온갖 미디어와 가정 교육, 교육 제도 안에서 성적 욕망을 사회적으로 인정받는다. '남성의 성욕은 여성의 식욕과 같다'고들 하지 않나. 사실은 여성혐오적인 사회에서 여성의 성욕과 식욕이 비정상적으로 억압된 건데 말이다.

장애 남성의 섹스할 권리는 이야기해도, 비장애 여성의 성욕과 섹스할 권리는 제대로 이야기하지 않는 이 기울어진 사회 분위기 속에서 여성의 몸과 성적 욕망은 복잡하게 통제당한다. 여성의 몸은 '성적 욕망을 불러일으킨다'면서 검열당하며, 존재 자체로 교환 가치가 있는 자원처럼 취급된다. 아름답다고 평가되면 '돈 벌기 쉽겠다'는 혐오를 받고, 아름답지 않다고 평가되면 '비여성' 취급을 받는다. 일상적으로 평가의 대상이 되고, 긴장을 늦추는 순간 쉽게 침범을 당하며, 그렇기 때문에 남성들의 '통제하기 어려운' 성 욕망으로부터 '보호되어야 하는' 대상이 되고 만다.

그 보호가 실패하면 불쾌한 성적 경험을 하게 되고, 성공한다고 해도 성적 경험을 할 자유로부터 멀어지는 결과로 이어진다. 성폭력에 노출되거나 안전을 위해 성적 경험을 차단할수록, 여성은 자신의 몸에 대한 주권을 잃어버린다. **내 몸은 내 것이되, 내 것이 아니다.** 성적 욕망은 기본적으로 몸과 긴밀하게 연결되어 있는데 말이다. 성적인 욕망은 신체로 느낄 수 있고, 누군가의 신체와 닿고 싶은 마음과 이어진다. 그리고 나의 신체를 이용해서 그 욕망을 실현해야 한다. **내 몸을 온전히 내 것으로 누리지 못한다면, 자신의 성적 욕망을 제대로 이해하고 주체적으로 행동하려는 시도는 자꾸 실패할 수밖에 없다.**

섹스를 할 수 있는 상황이 와도, 정말로 섹스를 하고 싶은 건지, 상대가 나를 원하니까 그냥 맞춰주고 싶은 건지, 예쁨받고 욕망당하는 기분이 좋은 건지, 또는 하지 말라는 것을 하니까 해방감 때문에 흥분을 느끼는 건지, 폭력적이지 않은 상황이니까 괜찮은 건지, 정말 즐거운 건지, 상대가 즐거우니까 만족스러운 건지, 헷갈릴 수밖에 없다. 그러다 보니, 섹스를 하고 싶었다가도 막상 하게 되면 무섭고 두려워서 혼란스러울 수 있다. 기대와 달리 경험의 구성이 폭력적이라고 느낄 수도 있고, 오르가즘은커녕 전희조차 제대로 느끼지 못하는 경우도 많다.

여기에 자신의 신체를 혐오하게 되면, 난이도는 업그레이드 된다. 벗은 몸을 보여주는 게 두려워서 섹스를 기피하는 여성들이 많다. 나도 전에는 그랬다. 충분히 날씬하지 않아서, 피부에 뭐가 나서, 유두가 핑크색이 아니라서, 성기나 겨드랑이가 거뭇해서, 가슴 모양이 마음에 들지 않아서, 상대가 내 가슴 모양을 싫어할까 봐, 다리가 두꺼워서, 제모가 잘 되었는지 신경 쓰여서. 수많은 이유로 여성은 자신의 몸을 숨긴다. 즐거운 섹스를 위해 함께 몸을 탐구하고 다양한 애무를 시도해야 하는데, 그러려면 상대에게 어떻게 보일지를 의식하지 않고 몸의 감각에 집중해야 하지만…. 대상화를 경험해 온 여성에게 이건 어려운 일이다.

섹슈얼한 행위는 '몸에서 가장 좁은 버블(안전지대)에 상대를 초대하는 일'이다. 섹스는 서로의 가장 취약한 모습을 보여주는 행위니까 말이다. 신체의 약한 부위를 서로에게 내어주는 과정이며, 내 몸에 대한 통제권을 상대와 나눠

가지는 과정이다. 섹스할 수 있는 권리는 안전한 공간에서 상대를 믿으면서 서로 취약해질 수 있는 권리다. 여성이 자신의 의지로 기꺼이 취약해질 수 있는 용기를 내려면, 역설적으로 그만큼 강한 힘이 있어야 한다. 나는 기꺼이 그 힘을 가지고 싶고, 더 많은 여성들이 그 힘을 가졌으면 좋겠다.

사회적으로 여성에게 주어진 권력은 아직 너무 작다. 그래서 섹슈얼리티를 향한 우리의 도전은 계속해서 실패할지도 모른다. 나는 욕망과 실패의 이야기를 계속 쓰겠다. 더 많은 실패담이 세상에 나오기를 기대한다.

욕망과 전시:
페미 X 럽스타그램

인스타그램에서, 좋아하는 작가님이 곡을 만들어 남편에게 선물했다는 소식을 보았다. 너무나 다정하고 사랑스러운 노래를 들으며, 잊고 있던 기억이 하나 떠올랐다. 전 애인이 5주년 선물로 나만을 위한 곡을 만들어준 적이 있다. 직접 작곡과 작사를 하고, 노래와 연주를 해서 녹음하고 믹싱까지 해준 건 정말 감동이었다. 그때 그 곡을 SNS에 올리고 싶어서, 과장 좀 보태서 백 번 정도 그를 졸랐다. 선물이라고 말 안

하고 노래만 올리면 안 돼? 익명 계정으로 올리면 안 돼? 사운드 클라우드에만 올리면 안 돼? 왜 안 돼? 나한테 준 거니까 내 맘대로 할 수 있지 않아? 그는 완강하게 올리지 않는 편이 낫겠다고 했고, 나 역시 연애 사실을 인스타그램에 공개하지 않았기 때문에 결국 올리지 않았다. 그때도 지금도 그게 맞는 판단이라고 생각했지만, 그 곡을 자랑하지 못한 건 정말 아쉬웠다. (지금 이 글도 자랑하고 싶은 욕망의 실현일 수 있다. 곡은 공개하지 말아달라고 했지만, 곡을 선물받았다는 사실은 비밀이 아니니까….) '기념일에, 애인에게 직접 만든 곡을 선물받았다'는 사실을 자랑하고 싶은 마음이 컸다. 이만큼 사랑받고 있어, 애인은 이만큼 능력 있어, 게다가 이렇게 나를 신경 쓰고 이렇게 멋있게 표현해, 우리 정말 예쁜 연애를 하고 있어, 5년이나 만났는데 마음이 변하지 않았어, 같은 이야기들. (물론 '전' 애인이라고 밝힌 것처럼 결국 언젠가 마음은 변했고 헤어졌다.)

나는 정말이지 '인스타 인간'이다. 거의 모든 일상을 실시간으로 인스타그램에 올린다. 읽고 있는 책, 맛있게 먹은 음식, 놀러 간 곳, 좋은 일도 슬픈 일도 자주 업로드한다. 친구들과 동료들의 소식도 리그램하고, 흥미롭거나 화나는 소식도 코멘트를 덧붙여 공유한다. 2018년부터 SNS 마케팅을 업무로 해왔고, 페미니즘 활동과 비건 가시화, 개인적인 사이드 프로젝트까지도 모두 인스타그램을 활용해 왔다. *내 인스타그램은 복합적인 나를 드러내는 판이자, 홍보 수단이고, 수집 보드인 동시에, 포트폴리오다.* 이 글에 대한 홍보도 인스타로 할 생각이었고, 실제로 그렇게 했다. 이렇게나 인스타그램 헤비 유저지만 나의 연애 전시는 항상 망설인다. 거기에는 여러 이유가 있다.

먼저, 스무 살 무렵 멋모르고 페이스북에 '연애 중'을 몇 번 올리고 내렸던 적이 있다. 연애를 시작하고 일정 시간이 지났는데도 프로필의 관계 상태를 바꾸지 않으면 그 연애를 알리고 싶어하지 않고 솔로인 척하는 것으로 여겨졌다. 연애 중으로 바꾸면 '연애 중' 포스트가 떠서 팔로워들이 서로 알게 되고 축하 댓글도 달 수 있었다. 전 남친들 중에서 내 프로필을 같이 찍은 사진으로 바꾸지 않거나 연애 중을 올리지 않으면 섭섭해하는 사람도 많았다. 그런데 헤어지고 난 후 연애 중 상태를 바꾸고, 사진도 골라 내려야 하는 작업이 너무 번거로웠다. 더 큰 문제는 연애를 한 번만 한 게 아니라는 거다. '연애 중'을 내리고 몇 주 뒤에 다른 사람과 연애 중을 올리는 것도 좀 그랬다. 그런 일을 몇 번 겪은 후로는 오래 사귀는 게 아니라면 SNS에 연애 소식을 올리는 데 더 신중하자고 생각했다. 되돌아보니 정말 남미새다운 실수와 깨달음이었다. 그때 팔로워가 많지 않았다는 게 다행이다.

탈코르셋 운동이 한창일 때는 '혐애*' 전시라고 욕 먹을까 부끄러워서 못 올렸다. 페미니스트가 된 것과 남자친구가 있다는 것이 모순되고 충돌된다고 느끼던 때였다. 또한 나는 퀴어 정체성을 가진 바이섹슈얼 페미니스트였기 때문에 헤테로 연애를 전시하는 게 내 매력을 반감시키는 행동이라 생각했다. 다른 페미니스트 또는 퀴어**, 앨라이*** 팔로워들은 내가 원피스를 입고 남성 애인과 데이트하는 '정상성' 가득한 이성애 연애 모습보다, 다른 페미니스트

---

* '혐오스러운 연애'라는 뜻, 이성애 연애를 일컫는 온라인 은어.
** 성소수자가 스스로를 나타내는 말 가운데 하나이다. 성정체성의 스펙트럼은 게이, 레즈비언, 양성애, 트랜스젠더, 무성애와 같이 다양하기 때문에 이들을 한데 아우르는 명칭으로 채택되었다.
*** 성소수자 차별에 대해- 차별 당하는 당사자가 아닌 사람이 그 차별을 반대한다는 뜻에서 서로에 대한 연대를 표현하는 단어이다.

친구들과 운동을 하거나 퀴어 정체성을 드러내는 모습을 더 기대할 거라고 생각했기 때문이다.

실제로 헤테로 연애를 하는 많은 퀴어 페미니스트들은 럽스타그램을 하지 않는다. (물론 예외도 있다.) 퀴어나 공개적인 페미니스트가 아니더라도, 20~30대 여성들은 의도적으로 SNS에 남자친구나 남편 이야기를 하지 않는 전략을 통해 자신의 목소리를 독립적으로 낼 수 있는 전문가적인 면모를 강조하는 경우가 있다. (인생의 큰 이벤트인 결혼사진 등은 예외가 될 수 있다.)
그 여성이 몸담고 있는 필드마다 다르겠지만, 남성 파트너를 드러내는 순간 매력과 신뢰도를 반감시키는 요인이 되거나, 사생활 노출 등 리스크가 될 수 있다. 아직도 여성혐오적인 문화가 남아 있는 일부 업계에서는 '여성이 결혼하면 감이 떨어진다'거나 '결혼생활에 집중해야 해서 새로운 일을 책임감 있게 맡을 수 없다'란 (말도 안 되는) 편견이 존재한다. 이로 인해 유부녀보다 미(비)혼인 여성에게 더 좋은 기회를 제안하는 경향이 있다.

자의식 과잉처럼 보일 수도 있지만, 나의 영향력을

의식하기도 했다. 연애할 마음 없이 행복하게 잘 지내던 후배가 '저 언니도 페미니스트인데, 좋은 (것처럼 보이는) 한국 남자 만나서 잘 지내잖아' 하며 헤테로 연애를 시도했다가 나쁜 일을 당하면 어쩌지? 교제 폭력과 살인이 쉼 없이 일어나는 여성혐오 사회에서는 '모든 남자가 그런 건 아니야, 좋은 남자도 있어'라는 메시지가 필요한 동시에, 그 메시지 때문에 위험에 처하는 여성들이 실재한다.

'페미니스트'라는 이유로 회사에서 잘리고, 악플 세례를 받으며, 행인에게 맞기까지 하는 세상. 이곳에서 '오픈 페미'로 살아가며 자신의 삶을 전시하는 사람들은 서로가 서로에게 생각보다 큰 영향력을 발휘한다. 나 역시 조신하고 똑똑한 남편(또는 동거인)과 함께 행복한 일상을 살아가는 페미니스트 선배, 친구, 지인들을 보면서 내 욕망을 확인한다. 그들의 라이프스타일, 커리어나 취미생활, 인간관계 등 모든 게 은연중에 삶의 레퍼런스가 된다. 나 역시 알게 모르게 누군가의 레퍼런스가 될 수 있다는 점을 의식한다.
여러 가지로 계산적이고 전략적인 판단 속에서 내 연애 사실을 전시하지 않았는데도, 때로 마음껏 연애 전시를 하는 이들이 계속 부러웠다. 대체 연애란 무엇인가.
럽스타그램이란 무엇일까? 왜 사람들은 자신의 사랑을
공개하고 인정받고 싶어할까? 사람들이 럽스타그램으로
주로 올리는 콘텐츠의 내용을 보면, '사회적으로 아름답다고
여겨지는 여성'의 모습을 한 채 '이를 사랑스럽게 쳐다보는
남자친구의 시점'으로 촬영된 사진이나 영상이 대부분이다.
연애를 전시하고 싶지만, 이렇게 가부장제에 그대로
편입하고 성별 이분법적인 편견을 강화하는 연애의 모습을
전시하고 싶은 건 아니다. 그럼 내 연애는 그 편견으로부터
자유로운가, 하면 그렇지 않다는 생각이 든다.

결국 '여성'이라는 젠더를 입고 나의 이성애 연애를 드러내는
건 그 행위 자체만으로 성차별을 재생산하는 데 조금씩
기여하고 만다. 이 글 역시 그런 글이 될까 봐 걱정이다.
기존의 질서에서 새로운 질서로 나아가기 위한 과정에서
내딛는 걸음은 무결하고 완벽할 수 없다. 내가 완벽한
비건이고 완벽한 페미니스트이기 때문에 스스로 비건
페미니스트라고 정체화하는 것이 아니듯, 내가 전시하는
삶과 연애 역시 완전무결하지 않다. 나처럼 모순이 가득한
자, 세계의 언어와 자신의 언어가 끊임없이 불화하는 자,

경계에 있는 자, 그래서 더 쉽게 공격받는 자들이 있다.
그리고 이들의 말과 행동을 검열하고 공격하는 자들도 있다.
어떤 사람들 편에 서고 싶은지, 우리는 선택할 자유가
있다고 분명히 이야기하고 싶다.

09 욕망과 혐오: 페미가 틴더할 때

사회생활을 할 때 스스로 '페미니스트'라고
밝힐 수 있는 여성은 얼마나 될까?
실수로라도 집게손가락 모양을 하면
'남성을 조롱하는 메갈리아의
후손(?)이다'라는 오명을 쓰게 되고, 직무
정지를 당하고 살해 위협을 받는다. '오조
오억'이라는 유행어를 썼다가는 '페미
성향이 강한 여초 커뮤니티 활동을
하냐'라는 비난에, 해명을 해야 하는
세상이다. 직장인 익명 커뮤니티에서도

페미니스트는 '극단적인 사람들'이라 생각하면서, 거르는 게 낫다는 의견을 나눈다. 남초 커뮤니티에서 '페미나치(나치즘처럼 극단적인 페미니스트라며 조롱하는 단어)'라든가 '뷔페미니즘(페미니즘이 뷔페처럼 선택적으로 권리를 골라서 주장한다는 조롱)' 등 여러 혐오 단어를 만들어왔던 것과 무관하지 않다.

그렇다면, **데이팅 앱에 '페미니스트'라고 써두는 여성은 얼마나 될까?** 우선 프로필 이미지가 가장 잘 보이는 서비스 특성상 그 여성의 외모부터 평가의 대상이 될 테다. 사회적으로 아름답다고 여겨지는 여성의 모습에 가까울수록 '예쁜데 왜 페미하냐'는 소리를 듣고, 그 기준과 멀어질수록 '페미 관상'이라든가 '쿵쾅쿵쾅(뚱뚱하다는 조롱)'과 같은 원색적인 조롱을 받는다. '남성에게 사랑받지 못해서, 못생겨서, 열등감이 심해서' 페미니스트가 된 것 아니냐는 오해 역시 빼놓을 수 없다.

'못생긴 여성들이 페미니스트가 된다'는 비하의 역사는 뿌리 깊다. 여성 참정권을 위해 싸웠던 최초의 서프러제트에 대해서도 당시 언론이나 남성 작가들은 '못생겼다'거나

'뚱뚱하다'는 비난을 해왔다. 여성이 남성과 같은 인간이고 생각할 수 있으며 평등해야 한다는 논리에는 흠결이 없다. 그렇기 때문에 논리 없이 비난을 하기 위해서였을 것이다. 여성들에게 가장 상처를 주는 공격이 외모 비난일 거라고 생각했을지도 모른다. 무엇보다 그들에게 여성은 그저 눈요기로, 외모 평가나 받아야 하는 존재이다. 그런 여성들이 남성들을 평가하고 결정한다고 하니 그 권리를 인정하고 싶지 않아서 더욱 '외모 평가'부터 하고 나서는 게 아닌가 생각한다. 남성들은 여성이 외모에 신경을 쓰는 구조가 그들에게는 권력이 되고 여성들에게는 억압이 된다는 것을 무의식적으로 느낀다. 그러니 페미니스트에게는 외모 평가부터 해야, 여성보다 더 우월한 존재라는 것을 뒤집지 못할 거라고 느낀다.

스스로를 페미니스트로 정체화한 후 남성과 데이트나 연애를 하는 건 여러 가지로 도전적인 과제다. 남성과 안전하게 섹슈얼한 또는 로맨틱한 관계를 맺을 수 있다고 상상하고 시도하는 것 자체도 어려운 문제일 수 있다. 그래도 희망을 품고 자신의 욕망을 실현하고 싶은 여성들은 어떻게든 여기까지 해낸다. 그렇다면 상대 남성에게 페미니스트라는 정체성을 드러낼지 말지, 드러낸다면 언제 어떻게 드러낼지, 얼마큼 드러낼지도 결정해야 한다. 페미니스트들 역시 이성애 연애 시장에서 '페미'라는 점이 가산 요인이 아니라는 걸 잘 알고 있기 때문이다. 스스로를 매력적인 여성으로 셀링하기 위해서는 페미니스트임을 언제 어떻게 드러낼지, 일종의 '전략'이 필요하다.

나 역시 데이팅 앱에 처음 프로필을 작성할 때 고민에 빠졌다. 페미니스트임을 밝히지 않고 데이트를 하자니 말이 안 통할 것 같았다. 소개 글에 바로 밝히자니 두려웠다. 페미니스트에 대한 혐오가 난무하는 세상에서 불특정 다수의 남성들이 있는 어플에 감히 페미 선언을 한다니. 최악의 상황까지 상상했다. 누군가 내 사진과 함께 '비건 페미'라고 쓰인 틴더 프로필을 캡처해 남초 커뮤니티에 올리면서 비웃는 일 같은, 일어날 확률이 적지만 절대 0이라고 확신할 수 없는 그런 일들. 실제로 '페미 틴더'라고 검색하면 남초 커뮤니티에서 '틴더에서 페미 봤다'는 글이 결과로 뜬다. 고민 끝에 나보다 먼저 이 신문물을 접했던 주위 페미니스트 친구들에게 자문을 구했다.

"너 틴더 프로필에 페미라고 썼어?" 친구들마다 이 앱을 사용하는 목적과 전략이 달랐지만, 공통적인 의견 중 하나는 다양한 남성 중에서 괜찮은 이들을 빠르게 거르기 위해서는 솔직하고 구체적인 프로필이 효과적이라는 것이었다. 용기를 내어 소개 글 첫 줄에 '비건 페미니스트'라는 단어를 썼다. '그럼 '비건'이나 '페미'를 싫어하는 남성은 걸러졌겠지?' 생각했으나, 완전히 오산이었다. 우선 텍스트를 제대로 읽지 않고 사진만 보고 스와이프 하는 경우가 많아, 내가 페미라는 걸 잊어버린 채 대화하는 남자들이 대부분이었다. 혹은 오히려 그 단어를 보고 딴지를 걸기 위해 스와이프 한 경우도 일부 있어서, 피곤한 대화를 해야 했다.

'여성이 아직도 차별받는다고 생각하세요?' '여대에 대해 어떻게 생각하세요?' '여대에만 로스쿨이 있는 게 역차별이 아닌가요?' '무고죄에 대해서는 어떻게 생각하세요?' '혹시 낙태죄 폐지에도 찬성하세요? 태아는 생명이라고 생각하지 않으시나요?' '전 남자친구랑 사귈 때도 페미니스트였어요?' '혹시 시위도 나가고 그러세요?'

놀랍게도 이 모든 질문은 사상검증 인터뷰가 아니다. 데이트 전 혹은 데이트에서 듣고 답해야 하는 질문이었다.
페미니스트인 것을 밝힌 채로 이성애 연애 시장에 나와 있는 여성은 정말 다양한 질문을 감당해야 하는구나, 깨달았다. 게다가 비건 페미니스트라면 이제 비건에 대한 질문까지 받으니, 더 다채로운 편견과 놀라운 무례함을 경험해 볼 수 있다.

이런 질문을 받는 게 피곤하니, 페미인 것을 숨긴 채로 만나는 것은 어떨까? 우선은 서로에 대해 알아가고 호감도를 확인한 다음, 어느 정도 신뢰가 쌓였을 때 페미임을 밝히는 편이 합리적으로 느껴지기도 한다. 처음에는 '페미니스트 누구'가 아니라, 사람 대 사람으로 데이트를 시작할 수 있다. 더 좋은 관계로 발전하는 중에는 페미인 것을 알게 된다고 해도 여러 특징 중 하나로 보일 테니 오해와 편견에서 보다 자유로울 수 있다.

대체 얼마큼의 호감도를 확인해야 페미니스트임을 알려도 괜찮을지 알아차리는 게 쉬울 리 없다. 잘 되어가는 좋은 분위기에서 페미라고 밝혔는데, 상대가 눈에 띄게 호의적인 시선을 거두는 어색한 상황은 누구라도 피하고 싶을 거다. 말을 안 한 것뿐이지만, 일부러 페미가 아닌 것처럼 상대를 속인 찜찜함도 감당해야 한다. 이렇게까지 해서 누군가를 만나야 하나, 싶은 답답한 마음에 흥미가 팍 식을 수도 있다.

솔직한 심정으로는 페미니스트인 게 무슨 큰 흠결도 아니고 성평등을 지지하는 것뿐인데, 무슨 볼드모트라도 된 것마냥 숨겨야 하는 게 짜증이 치민다. 책을 준비할 때 주위 사람들에게 페미니즘 책이라면 필명을 짓는 게 어떻겠냐는 제안도 받았다. 내가 페미니스트인 걸 숨겨야 하는 세상이 숨막히게 느껴졌다. 물론 "페미니스트라 때렸다"며 범죄를 저지르거나, '페미' 자체를 욕으로 사용하며 악플을 달고 다니는 사람을 보면, 그 조언 속에 담긴 걱정과 애정도 이해가 간다. 그렇지만, 페미니스트가 숨으면 숨을수록 다같이 숨어야 하는 세상이 될 뿐이라고 생각하며 '오픈 페미'로 살기로 했다.

오픈 페미답게 만나기 전부터 페미니스트임을 밝히는 방법도 있다. 페미니스트여도 괜찮다거나 오히려 페미니스트라서 더 좋다는 남성만 만나는 거다. '언제

페미임을 밝혀야 하나' 하는 고민 없이 솔직하고 편하게
가까워질 수 있다니, 꿈처럼 느껴지는 기회다. 근데 그 꿈이
꼭 달콤하리라는 보장은 없다. 대화가 잘 통하는 것과
섹슈얼한 호감을 느끼는 건 또 다른 문제다. 가치관이
비슷해야 끌릴 것 같지만, 현실에서 성적 매력을 느꼈던
남성은 대체로 나와 가치관이 달랐다. (다소 생물학환원주의적
관점이지만) 많은 포유류가 DNA의 다양성을 위해 자신과
반대인 개체에게 끌린다고 한다. 아무리 그렇다고 해도, 이건
좀 심하지 않나 싶을 때가 있다.

문제적일 수 있는 발언임을 알지만, 데이팅 앱을 하면서
느낀 솔직한 심정을 고백해 본다. *아니 대체 왜 꼭 생각이
빨-은(언피시한) 우파 남성이 더 섹시하게 느껴지고, 나와
의견이 비슷한(피시한) 좌파 남성은 별로 섹시하게 느껴지지
않는 걸까??*

지나친 일반화와 이분법에 유의해야 한다. 하지만 주관적인
경험에 의하면, 가부장적인 남성은 운동을 좋아하여 키도
크고 힘도 세며, 자신이 가진 자원을 극대화하는 데 관심이
많고 잘 놀아서 재미있는데, 그게 섹슈얼한 매력과 연결될

때가 많다. 반대로 권리 감수성이 뛰어난 페미니스트 남성은
우선 개체 수가 아주 적다. 신체 운동보다 사회 운동에
관심이 많고, 대화는 흥미롭지만 노는 건 재미가 없어서
결국 섹슈얼한 끌림으로 연결되지 않을 때가 많다. 결국
데이트 상대가 아니라 그냥 동료가 되어버리고 만다. (남미새
페미 입장에서는 이 두 가지 남성 유형이 적절히 섞였으면 좋겠는데,
그런 하이브리드형 남성은 너무 인기가 많은 나머지 이미 연애
중이거나 내 동료의 전 애인이라는 이슈가 있다.)

그럼 페미니스트임을 성공적으로 밝히면서 서로에 대한
호감과 섹슈얼한 끌림도 잃지 않고 데이트를 하다가
사귀기로 하면, 모든 문제가 해결된 걸까? 전혀 아니다.
이때부터 시작이다. 페미니스트로 연애하면서 겪는
어려움은 다음 글에서 풀어보겠다.

／10　욕망과 모순:
평등한 연애
상상하기

스스로를 여성으로 정체화한다. 하지만,
헤테로 연애 서사에 맞춰 '여자친구'처럼
행동하는 게 역할놀이처럼 느껴질 때가
있다. 드랙 아티스트가 퀸을 만들어
표현하듯, 평소에 탈코르셋을 하고 있는
나도 가끔 코르셋을 입고 '사회적 여성'을
재현하여 퍼포먼스를 하는 기분이다.
페미니스트가 되기 전의 연애는 '젠더
역할극'을 하는 기분이었다. 몸에 맞지 않는
옷을 입은 듯이 '여자친구' 역할을 연기했다.

전 애인 역시 듬직한 '남자친구' 역할을 연기하면서, 각자가 알고 있던 연애 문법에 따라 만나고 고백하고 데이트하고 헤어졌다.

역할과 문법의 제한 없이 자유롭고 성평등한 이성애 연애는 대체 어떤 모습이어야 할까? 젠더 이분법의 편견에서 벗어나 솔직하고 편안하며 서로 만족하는 연애의 모습을, 제대로 상상해 본 적이 있을까?

그 상상 속에서 과연 데이트 신청과 고백은 누가 먼저 하고, 데이트 비용은 누가 얼마큼 내며, 무거운 가방은 누가 들어야 하는 걸까? 데이트가 끝나고 누가 누구 집에 데려다주는 게 이상적이고, 각자의 꾸밈은 어느 정도여야 하는 걸까? 차 운전석과 조수석에는 누가 앉고, 차 문은 누가 열어야 할까. 스킨십은 어떻게 시작되어야 하며, 서로의 성적 욕망과 결정을 어떻게 존중해야 할까. 사소하게는 콘돔은 누가 사두고 누가 꺼내야 할까?

과연 정해진 이성애 로맨스의 문법에서 벗어나는 게 가능하긴 한 걸까? 세상은 아직 성별에 따른 차별이 가득하다. 평균적으로 남성이 여성보다 더 크고 강한 신체를 가지고 있으며, 섹스할 때 여성이 남성보다 여러모로 취약해지는 게 분명한데 말이다. 이미 차별이 있는 구조 안에서 기계적으로 '평등'하게 역할을 나눠 갖거나 뒤집는다고 해서 '평등한 연애'라고 부를 수 있을까?

많은 커플들이 고민하고 싸우고 질문하는 '데이트 비용'은 정말 어려운 문제다. 성별과 관계없이 평등하게 함께 데이트 비용을 부담하는 '더치페이'를 지지해야 할까? 아니면 사회적으로 남성의 평균 임금이 여성보다 높다는 점*과 여성이 부담하는 꾸밈에 대한 비용이 남성보다 높다는 점, 임신과 성병에 대한 위험부담으로 여성이 지불해야 하는 추가적인 비용 등을 고려하여 '남성이 더 많은 데이트 비용을 내는 것이 합당하다'는 주장이 좀 더 페미니즘적인 걸까?

* 2024년 공시된 자료에 따르면, 공시 대상 회사에서 남성 1인당 평균 임금은 9,857만 원, 여성은 7,259만 원으로, 성별 임금 격차는 26.3%로 나타났다. 동일한 교육 수준에서도 성별 임금 격차는 존재한다. 대졸 이상의 경우 성별 임금 격차는 34.6%로, 고졸 이하보다 높게 나타난다. 경제협력개발기구(OECD)가 발표한 2022년 자료에 따르면, 한국의 성별 임금 격차는 31.2%로, OECD 회원국 중 가장 크다. OECD 평균 성별 임금 격차는 11.4%다.

둘 다 찝찝하다면, 아예 성별에 따른 비용 구분 말고 경제력 등을 기준으로 생각해 볼 수도 있다. 두 사람 중에서 정기적 수입이 더 많은 쪽이 더 많은 데이트 비용을 부담하는 것이 합리적이지 않나? 대체로 학생과 직장인 커플이 이런 경우에 해당한다. 그렇지만 이 역시 예외가 있을 수 있다. 당장의 정기 수입보다는 각자의 자산 규모와 그로 인한 안정성 등을 기준으로 추가해야 할 수도 있다. 아니면, 먼저 데이트를 신청한 사람이 더 많은 데이트 비용을 내는 것은 어떨까?

이런 방법이 평등한 데이트 비용 계산법처럼 보이지만, 현실은 그렇지 않다. 한국 사회의 많은 이성애 커플을 보면, 대체로 남성이 여성보다 나이도 많고, 소득 수준도 높고, 또 먼저 데이트를 제안하는 경우가 많기 때문이다. 한편, 대부분의 상황에서 남성보다 여성이 데이트를 위해 꾸미는 데 더 많은 돈과 시간을 쓰고, 더 불편한 옷과 신발을 착용할 때가 많다.

남성이 소비의 주체가 되는 이성애 데이트에서 초대받은 여성이 '데이트'에 참여하는 건, 수많은 로맨스 서사에 익숙하게 등장하는 스토리라서 언뜻 보면 로맨틱해 보인다.

그렇지만 결국 여성은 계속 대상화되고 수동적인 역할에 국한된다는 문제가 있다. '욕망의 주체'가 곧 '소비의 주체'가 되는 자본주의와 소비주의의 규칙을 비판 없이 수용하는 것은 이미 불평등이 존재하는 구조의 문제를 심화시킨다. '성공한 남성이 아름다운 여성을 얻는다'와 같은 가부장적이고 여성혐오적인 문장에 힘을 실어주는 꼴이다.

수많은 연애 문제가 그렇듯, 데이트 비용 문제도 정답은 없다. 솔직히 '반반 칼더치'는 데이트가 아닌 것 같아서 묘하게 자존심이 상한다. 번갈아 내는 게 마음이 편하다가도, 먹는 양이 내가 늘 적은데 밥값을 같이 내는 게 맞나 싶을 때도 있고, 내가 가자고 한 건 내가 내야지 생각할 때도 있다. 이 문제뿐이겠나. 페미니스트로 연애하면서 마주하는 갖가지 문제 앞에서, '어떤 방법이 더 평등한 걸까?' 고민해도 답이 없는 문제 투성이다. 그 과정에서 나 자신과도 갈등하고, 상대와 갈등할 때도 있다.

페미니스트로 헤테로 연애를 하는 것은 필연적으로 모순과 갈등을 포함한다. 여성에 대한 차별이 존재하는 세상에서, '열등한 위치성'을 가진 채로 '우리는 열등하지 않다'고

증명하고 주장하면서 평등을 이루는 것은 어려운 일이다. 연애 중이라면 더욱 그렇다. 남성에게 사랑받고 그 사랑을 때론 자랑하고 싶지만, 그 결정이 어떤 정치적 맥락을 가지는지 생각하다 보면, **'사랑'의 구성요소 자체가 하나하나 차별과 긴밀하게 맞닿아 있음을 깨닫는다.**

솔직히, 남자친구의 취향에 맞춰 꾸미고 나가서 외모 칭찬을 받고, 그가 소비의 주체가 되어서 만드는 행복한 데이트의 여자친구 역할을 하는 게 재밌는 날도 있다. 불편하고 아름다운 옷을 입고 데이트를 가는 것이 코르셋이고 억압이라는 것을 알지만, 그 불편함을 감수하고 싶은 날들이 있으니 말이다. 함께 보내는 시간을 기대하며 단장하고, 좋아하는 사람에게 예쁨받을 때 느끼는 즐거움을 페미니스트도 누릴 수 있는 거다.

여성이 사랑받는 대상이 되기 위해 꾸며야 한다는 생각은 차별적이지만, 그렇다고 '아무에게도 사랑받지 않겠다'거나 '사랑받기 위해 꾸미는 것은 의미 없다'는 생각은 비현실적이다. 성별을 떠나, 어떤 사랑의 형태든 간에, 우리는 대부분 사랑하고 사랑받고 싶다는 욕망을 갖고 있다.

그 욕망을 인정하면서 기꺼이 사랑하고 사랑받기를 선택하면, 역설적으로 꾸밈에 대한 압박을 내려놓게 되기도 한다. 마음껏 예쁨받고, 또 예뻐하고, 서로에 대한 마음을 확인하는 순간, 오히려 꾸미지 않아도 사랑받을 수 있다는 점을 깨닫게 되니까 말이다. 꾸밈에 대한 고민을 여성들이 더 많이, 자주 하게 된다는 점도 연애 관계를 평등하지 않게 만드는 요소다. 사랑받는 것만이 우리의 역할이 아니며 '꾸밀 자유'란 꾸미지 않을 자유가 있을 때에만 가능하다는 것을 기억하자. 또한 사랑받기 위해 꾸미고 싶은 마음을 너무 미워하지 않았으면 좋겠다.

평등한 연애를 상상하는 건 모순을 마주하는 일이다. 이미 차별의 구조가 가진 모순 때문에, 그 차별을 교정하는 길 역시 모순이 가득하다. 가보지 않은 길을 상상할 수 없듯이, 우리는 완벽한 평등이 무엇인지 완전하게 알 수 없다. 이미 기울어진 운동장에서 균형을 잡고 어떤 기준이 맞는 것인지 제안하는 것은 늘 흔들림과 실패를 동반한다. 그렇다고 아무것도 하지 않고 차별을 답습하고 앉아 있을 수 없는 노릇이다. 매번 실패하더라도, 어제보다 조금 더 자유롭고 평등한 오늘을 위해 또 한번 시도하자고 이야기하고 싶다.

11 욕망과 갈등: 그럼에도 불구하고 또 부딪히는 이유

□

사람들은 페미니스트는 페미니스트끼리만 사귀는 줄 알지만, 연애 시장에 나와 있는 페미니스트의 수요와 공급의 양은 전혀 맞지 않다. 페미니스트 여성과 사귀는 남성 중 대다수는 페미니스트가 아닐 거다. 내 애인과 전 애인들 모두 마찬가지였다.

나는 연애하기 전에 페미니스트라는 사실을 미리 알리는 편이었다. 아무리 서로를 오해하며 시작되는 게 연애라 해도, 중요한

정체성을 숨긴 채 감정이 깊어지는 것은 불가능하다고
느꼈다. 연애는 사적인 감정의 영역처럼 보이지만, 젠더
권력과 사회적 구조의 영향에서 자유로울 수 없다. 서로
다른 성별끼리 만나는 경우라면 더욱 그렇다. 이런 나의
사회구조적 시선을 이해할 수 있고, 페미니스트인 나를 있는
그대로 받아들이며 대화할 수 있는 상대와 만나고 싶었다.
더 나아가서는 내 삶에서 중요한 문제, 내가 소중하게
생각하는 가치, 나를 기쁘게 하고 슬프게 하는 것을 서로
나눌 수 있는, 연애를 기대했다.

가까워지고 나면, 자연스럽게 여성 인권에 대한 대화를 나눌
일이 생겼다. 한국에서는 매일 여성 폭력 사건이 일어나고,
저출생 문제도 큰 이슈 중 하나이다. 이처럼 젠더 문제는
일상과 긴밀하게 연결되어 있다. 직접 경험한 폭력이나
성차별뿐 아니라, 모르는 여성이 겪은 일도 내 일처럼 강한
연결감을 느낄 때가 많다. 가끔은 일상생활이 어려울 정도로
큰 감정의 동요를 겪기도 한다.

일상에서 제일 많이 통화하고, 대화하고, 기분과 생각에
관심을 기울이는 애인과 이런 주제를 빗겨간 대화만 할 수는

없는 노릇이다. 뉴스 기사를 즐겨보는 애인은 내가 관심
있을 만한 여성, 환경, 인권 관련 소식을 전해주거나, 의견을
물어보는 경우도 있다.

그중 여성 폭력 사건에 대해 남성 애인과 대화를 나눠오면서
깨달은 패턴이 있다. 우선 나는 페미니스트 친구들과 여성
폭력 및 젠더 문제에 대한 많은 대화를 나누었고, 관련 책과
자료를 접한 경험이 많다. 관련된 여러 사건과 연구, 책과
논의를 이미 알고 있었다. 개별 사건보다는 정보를
맥락적으로 이해한다. 반면, 상대는 전후 맥락보다 단일
사건을 중심으로 내용을 받아들인다. 그렇기 때문에 의문을
갖는 포인트나 논점이 나와 다를 때가 많다. 게다가 나는 내
경험과 입장 때문에 피해당사자와 동일시를 겪으며
자연스럽게 '당사자'의 입장을 갖는다. 반대로 상대방은
감정이입이 안 된 채로 (또는 반대 성별에 감정이입을 한 채로)
이성적인 '관찰자'의 입장이 된다.

페미니스트가 되고 비건이 된 후로, 모든 구조적 차별
문제를 '피해당사자'의 입장에 서서 보아야 제대로 이해할 수
있다고 생각하게 되었다. 당사자가 아닌 관찰자나 다수의

입장으로 바라보면 그 차별과 폭력을 쉽게 합리화할 수 있기 때문이다. 그러나 많은 사람들이 자신이 서 있는 곳에서만 그 문제를 바라본다.

때로는 한 사건을 바라보는 다른 시선을 나눌 수 있어서 좋을 때도 있다. 그렇지만, 어떤 논의는 끝없는 평행선을 달리는 논쟁으로 이어지기도 한다. '차별당하지 않은 일부 여성들'과 '역차별당하는 일부 남성들'과 '잘못된 일부 페미니즘' '무고' '일반화' 등에 대해서 이야기할 때가 특히 그렇다. 피해 경험자들 입장에서 문제를 바라보지 않고, 거리를 두며 기계적인 중립을 지키는 발언을 하는 남성 애인을 볼 때면 이런 장면이 떠오른다.

나는 물이 가득 차오르는 방 안에서 살아남기 위해, 다른 여자들을 살리기 위해 계속해서 물을 퍼낸다. 내 옆에 있는 여자가 가라앉거나 사라질까 봐 불안해서 마음이 급한데, 남성 애인(을 포함한 남성들)은 뽀송뽀송한 옆 방에서 우리를 구경하면서 "그걸로 물을 푸니까 안 되지. 다른 도구를 사용해야지"라든가 "가라앉은 사람들은 수영을 못 해서 그런 거 아니야?" "내가 아는 여성들은 배 위에 있어서, 저렇게 안 빠지던데?" "너는 내가 꼭 구해줄게" 같은 말을 하는 장면.*

욕심인 줄은 알지만… (진짜로 '욕심'인가?) 나를 진짜 아끼고 걱정한다면, 여기 같이 들어와서 물을 좀 퍼내든, 배를 만들어서 같이 구하든, 뭐든 했으면 좋겠다. 그는 오히려 왜 거기 있냐며, 나올 수 있잖아, 하며 저 멀리 서 있는 느낌이다. 누구는 이 안에 있고 싶어서 있고, 누가 시켜서 페미니즘 하고 있는 줄 아나? 거리를 두고 이 문제를 바라보고 싶지만, 나랑 연결되어 있는 '내 문제'라서 여기 서 있는 건데.

서로 다른 의견을 나누든 일방적으로 위로를 받든, 나는 상대방의 태도와 표현에서 내가 가져본 적 없는 젠더 권력과 위치성을 느끼게 된다. 그럴 때면 강력한 열등감과 박탈감에

* 페미니스트 작가 양파의 '장마로 집이 잠기는데 하늘 바라보며 자연재해의 철학적 의미는 뭘까 고민하지 마시고, 바가지 하나라도 들고 물 퍼내는 거 도우세요. You are what you do.' 이 비유에 영향을 받은 상상인 것 같다. 페미니즘은 무엇인가, 비판만 하고 실천하지 않는 일부 남성 페미니스트들에게 하는 말이었다.
(출처 https://brunch.co.kr/@yangpayangpa/802)

휩싸인다. 함께라고 생각했던 이가 사실 나와 전혀 다른 곳에서 있었다는 것을 알게 되었을 때의 외로움. 나는 모순이 가득한 현실에서 나 자신과도 불화하면서 계속 언어를 찾아가며 발화한다. 그는 매끄럽고 평온한 논리와 규칙의 세계에 서서 '말'만 하고 있다는 걸 깨달을 때의 좌절감. 옆에서 내 편이 되어주기보다, 나를 여기 혼자 두고 다른 이들 옆에서 그들 편을 들고 있다는 데에서 오는 배신감.

그에게는 별로 중요하지도 않은 '남의 일'일 뿐인데···. 나에게는 너무 중요한 이슈에 쉽게 말을 얹는 그에게 상처를 받고 화가 나기 시작한다. 결국 흥분해서 '네 문제 아니라 속 편해서 좋겠다' 같은 모난 말로 상처를 주게 된다. 그러고는 못난 내 모습에 바로 후회를 한다. 다시 차분히, 상대와 어떤 정보 차이와 입장 차이가 있고 왜 속상했는지 정리하기 시작한다.
동시에 상대 역시 자신의 말하기에서 어떤 부분이 잘못되었는지, 무슨 말이 나를 화나게 만들었는지 고민한다. 이 시간 동안 각자 서로의 입장과 감정을 돌아보고, 어떻게 하면 이 입장 차이를 이해시킬 수 있을지 고민한다. 서로 사과를 하고 재발 방지를 다짐하지만, 또 새로운 날, 비슷한 논의로 의견 차이를 확인하는 일을 반복한다.

누군가는 **"남자를 안 만나면 이런 고생 안 하잖아"** 할 수도 있다. 세상은 서로 다른 입장을 가진 사람들이 함께 살아가는 곳이다. 의견이 다른 이들끼리 서로 섞이지도 않고, 싸우지도 않으며, 아예 블락해 버린다면 더 나은 사회로 나아갈 수 있을까? 오히려 서로에 대한 오해가 깊어지고, 각자가 바라는 세상은 영영 멀어지는 거 아닐까? 이 지난한 과정이 힘들지만, 이런 대화를 솔직하게 터놓고 할 수 있는 애인을 만나 감사하다는 생각이 든다. 알게 되는 시선의 차이도 많고, 새로운 언어를 갖게 되는 것 같아서 레벨 업 하는 기분이다.

남성 애인과 대화할 때 깨닫는 것 중 하나가 '얼마나 서로가 서로를 오해하고 있는가' 하는 문제였다. 남학교와 여학교, 여초 업계와 남초 업계, 온라인 커뮤니티까지…. 성별이 나눠져서 지낼수록 서로에 대한 오해와 편견은 강화되고, 성별 내 문화는 공고해지고 혐오는 쉽게 커진다. 모든 조직에 다양성이 필요한 이유를 절감한다.

나는 계속 부딪히고, 또 기대하고 실망하며, 그럼에도
포기하지 않고 연결되고 싶다. 이런 태도가 모두에게 정답이
되지는 않을 거다. 나를 사랑한다면서, 나를 죽을 만큼
힘들게 하는 세상의 차별과 부조리에는 한 번도 함께
맞서주지 않았던 이들을 생각하면, '*남성이 여성을 진심으로
사랑했다면, 가부장제는 진작에 철폐되었을 것이다*'라는
말이 자꾸 떠오른다.

그럼에도 가부장제의 한계를 넘어서는 관계, 함께 차별과
편견을 철폐하기 위해 나아가는 파트너십, 서로의 해방을
응원하는 사랑을 하고 싶다는 꿈을 마음속 깊이 가지고
있다. 서로 다른 곳에 서서 다른 생각을 하는 사람들이,
상대방의 입장에 서서 서로의 생각을 이해해 볼 수 있는
위대한 기회가 바로 사랑이니까 말이다. 서로가 다르다는
이유로 사랑할 수 없다고 생각한다면, 우리는 영원히 서로를
이해할 기회를 갖지 못할 거다. 그러나 사랑을 포기하지
않는다면, 이해와 연대를 통해 새로운 세상 속에서 자유와
해방을 맞이할 수 있으리라 믿는다.

12 관계와 욕망: 사랑, 그거 어떻게 하는 건데

◻

'섹슈얼리티'에 대한 글을 쓰며 '관계'에 대한 이야기를 빼놓을 수 없다. 나에게 인간관계란 늘 어려운 일이었기에 더욱 그렇다. '정상 가족'으로 보이는 울타리 안에서 사랑받고 자란 것은 부정할 수 없지만, 동시에 불안과 우울의 근원지 역시 (유감스럽게도) 가족이었다. 엄마는 사랑받고 자란 만큼 사랑을 많이 주고 싶어하는 전업주부였고, 아빠는 아버지 없이 소년 가장으로 자라나 책임감이 강한 사업가였다. 날씬하며 감성적인 F 엄마가 집에서 나를 기르고, 덩치 크고 계산적인 T 아빠는 온 가족을 위해 돈을 벌며 주말마다 우리를 태우고 여행을 다녔다. 호텔에서 생일을 축하하고 철마다 해외여행을 가던 호시절도 있었다.

그러나 그들 역시 보호자이기 전에 독립적이고 복합적인 개인이고, 각자의 삶에서 다양한 어려움과 갈등을 마주하면서 가족을 유지해 왔다. '죽고 싶다'고 자주 말하는 엄마, 집을 자주 비우던 아빠와 함께 살아야 했던 시기가 있었다. 알 수 없는 이유로 화가 난 엄마가 아무 말 없이 현관문을 쾅 닫고 나간 날, 어둠 속에서 엄마의 말을 떠올렸다. "같이 죽으려고 너를 데리고 짐 싸서 집을 나섰는데, 1층 문 앞에서 네가 엄마 가방에 토하면서 죽기 싫다고 했어. 그래서 엄마 안 죽고 살았어. 사랑해 우리 딸. 엄마는 너밖에 없어."

사랑은 죽고 싶어하는 사람을 살아가게 하는 위대한 것이다. 그렇지만 아무리 누군가를 사랑해도, 또 사랑받아도, 죽고 싶을 수 있다. 사랑하는 사람이 죽고 싶어한다는 건 비참하고 무력하고 외롭고 불안하고 숨막히고 화나고 속상하고 서운하고 슬픈 일이다. 다행히 매번 엄마는 돌아왔다. 나는 사랑하는 엄마에게 '살맛 나게 하는 딸'이 되고자 (의식적으로든 무의식적으로든) 노력했다. 어른들이 요구하는 규범을 거스르지 않고, 감정을 너무 많이 드러내지 않으며, 엄마의 기분을 살피며 살았다.

초등학생 때 몇 번 왕따를 당했다. 남들과 다른 탓인 것 같기도 하고, 때로는 오해인 것 같기도 하고, 가끔은 전에 왕따를 당했다는 이유로 자연스레 왕따가 시작되기도 했다. 왕따를 당하던 사이사이 잠시 친구들 무리에 속해 있던 때에 나를 좋아한다는 남자애가 고백을 한 적이 있다. 다시 따돌림이 시작되자 그 애는 이별을 고했다. 내 말은 들어보지도 않고 다른 친구들 이야기를 듣고서 관계를 끝내는 그 애가 참 미웠다. 그 상황에서 헤어짐을 통보받는 것은 꽤 잔인했다. 그 후 오랫동안 그 애가 자주 입던 티셔츠의 색깔마저 싫어했다.

다행히 중학생 때 마음 맞는 친구들을 만났고, 혼자의 고단함과 외로움을 경험했던 난 무리에 계속 속하기 위해 노력했다. 엄마의 눈치를 보던 어린이는 친구들의 눈치를 보는 청소년이 되었다. 연애 같은 건 여러모로 사치였다. 그 와중에도 몇 가지 기억이 남아 있다. 학교나 학원 복도에서 나를 지나친 남자애들이 "쟤 허리 진짜 얇아" 같은 말을 쑥덕거리거나, 어떤 멋진 친구가 "잘 꾸미기만 해도 인기 진짜 많을 텐데…" 하고 나를 훑어보던 기억. 당시에는 어떻게 대응할지 몰라 얼어 붙었고, 이후에는 떠올릴 때마다 부끄럽지만 솔직히 기분이 좋기도 했다. 나는 매력적인 '본판'을 가졌지만 꾸미지 않았으니까, 내가 의도한 거야, 지금 누가 나를 좋아하면 곤란하니까. 대입만 끝나면, 스무 살만 넘으면, 자유롭게 꾸미고 마음껏 연애할 거야. 그렇게 그 시기를 지나왔다.

드디어 대입이 끝나고 스무 살을 맞이했을 때 친구에게 이런 농담을 소근거렸다. "나, 한 다스를 채울 거야!"(아직도 다 못 채운 게 함정이다.) 내게 주어진 섹슈얼리티에 대한 억압을 돌파하고 싶었다. 서구에서 온 쿨걸 문화 탓도 있다. 대학 입학 전 마지막으로 본 미드가 〈가십걸〉이었으니까. '진실된 사랑' 말고 가벼운 연애나 실컷 할래, 하는 회피적인 태도였는지도 모른다. '찐사랑 같은 건 아무래도 어려울 테니까' 하는 체념의 태도와 '사랑받고 싶다'는 욕망 속에서 소개팅과 미팅, 합석 등 갖가지 기회들 속에 나를 내던졌다.
남자와 눈도 못 마주치던 나는 여러 번의 짧은 연애를 했다.

이제와 고백하자면 그때의 연애는 새로운 경험이라
흥미롭고 재미있었을 뿐, 불편하고 어색하기도 했다.
나다움을 숨긴 채 역할놀이를 하는 기분이 들 때가 많았다.
바야흐로 페미니즘 리부트 전 시대였다. 가족들과 살면서
외박은커녕 통금이 있고, 긴 머리와 원피스를 고수하며,
여고를 나와 여대에 다니는 나에게, 남자들이 바라는
'여자친구' 상은 꽤나 명확했다.

그들의 말을 잘 들어주고, 적게 말하고, 잔소리나 아는 척도
하지 않고, 남자인 친구와 친하게 지내서도 안 된다. 데이트
통장 같은 걸 만들거나 더치페이를 해서 남자의 돈을
아껴주는 '개념녀'의 면모를 보인다. 동시에 술도 너무 많이
마시면 안 되고, 살도 찌지 않아야 하고, 짧은 옷도 입지
않고…. 지금 생각해 보면 왜 그렇게 참고 지냈을까 싶지만,
관계의 갑이 되기 위해서는 그들이 좋아하는 모습이어야
했다. 그렇게 해서라도 차이지 않고 내가 먼저 차고 싶었다.
좋은 모습만 보이려고 노력한 만큼 상대가 조금만 거슬리는

모습을 보이면, 그걸 이유로 금방 헤어지곤 했다.

'연애가 즐겁지 않으니까 로맨스가 안 맞는 거 아닐까?'
생각도 해보았는데, 연애 관계가 아닌 관계 역시 잘 맞지
않았다. 나를 욕망하지만 사랑하지 않고, 보고 싶어 하지만
책임감 없이 만나려고 적당한 거리를 유지하는 관계들.
무엇보다 갑자기 아무 말 없이 사라질 수 있다는 점과
예상치 못한 폭력에 노출될 수 있다는 점에서 이런 관계는
로맨스 역할극보다도 더 힘들었다.

정말 내가 원하는 관계의 모습은 무엇일까? 내 안에 깊숙이
숨겨 있던 욕망을 들여다보면서 고민하고 또 고민했다. 왜
솔직한 관계를 맺지 못했던 걸까? 왜 사랑에 빠지지 못 하는
걸까? 대체 어떤 미래를 바라고 있는 걸까? 여러 겹의
방어기제와 핑계와 허세를 걷어낸 마음의 바닥엔 무서울
정도로 뻔한 대답이 남았다.

'사랑하는 사람을 잃을까 봐 무서워.'

이별은 견딜 수 있지만, 사랑하는 사람과의 이별은… 상상만

해도 숨이 조여오는 기분이 든다. 사람과 사람은 언젠가 분명히 헤어진다. 죽을 때까지 함께 하더라도, 죽음이 곧 이별이니까. 사람은 누구나 죽고, 죽지 않더라도 이별에는 수많은 이유가 있다. 이별할 것을 알면서 사랑에 빠지는 것은 터무니없는 일처럼 느껴진다. 죽을 것을 알면서 살아가는 것은 너무 당연하지만 말이다.

진짜 사랑이 두려워서 연애만 했나 보다. 사랑은 죽음만큼, 아니 죽음보다 더 두렵다. 좋아하는 이의 죽음도 두려운데, 사랑하는 이의 죽음은 상상할 수 없을 만큼 두렵다. 언젠가 죽을 수 있는 존재와 사랑에 빠진다는 것은 정말 바보 같은 일이다. 그래서 '사랑해' 대신 이렇게 말하는 편이 마음 편하다.
"바보야."

정말 내가 원하는 관계의 모습은 무엇일까?

페미에 대해 우리가 이야기할 때

2부

욕망과 친구: 남미새 페미 넷이 모이면

연재가 끝나고, '남미새 페미니스트' 친구들이 모였다. 이 정체성이 가지는 의미에 대해 솔직하게 이야기해 보았다.

#대화모임 참여자 소개

은나: 친구들, 각자 소개 글 뭐라고 써 줄까? 혹시 생각해 봤어?

남남: 1년 반 동안 남자와 연애를 다섯 번 한… (일동 웃음) **남성애자 남성 페미니스트**, '남남'입니다. 쉽지

않다고 생각하는 중.

은나: 오~ 남성애자 남성.

글남: 이런 걸로 지지 않아야 되는 거야? (웃음) 음…. **아프리카를 제외한 모든 대륙의 남자를** 만나본 '글남'이야. (일동 웃음)

남남: 본인도 말하면서 웃기죠? (웃음)

장구: 한 명의 '**헤테로 한국인 남자**'랑 9년 동안 장기 연애 중인 '장구'라고 해.

은나: 9년이나! 대단해. 난 최근 11년 동안 연애를 쉰 기간이 1년도 채 안 되는 은나라고 하고, 남미새 페미니스트 글을 연재했어. 오늘 대화도 글로 남기려고 해.

남남 - **남성애자 남성** 페미니스트. 1년 반 동안 남자와 연애를 다섯 번했다.

글남 - **글로벌 남**미새 페미니스트. 아프리카를 제외한 모든 대륙의 남자를 만나보았다.

장구 - 남자와 9년째 **장기연애** 중인 남미새 페미니스트. 9년 동안 연애했고 현재 동거 중이다.

은나 - 남미새 페미니스트. 11년 동안 연애를 쉰 기간이 1년도 채 되지 않는다.

#'남미새'들이 본 '남미새'라는 단어

은나 : 우선, '남미새'라는 단어, 어떻게 생각해?

글남 : 요즘 보면 "나 남미새인데, 뭐!" 하고 당당하게 말하는 사람도 있지만, 솔직히 처음 들었을 때는 뭔가 비꼬는 느낌이 강했어. 긍정적인 뉘앙스가 전혀 아니니까. 그 단어를 말 그대로 따져보면 '남자에 미친 사람'인데, 미디어에도 남미새가 과장되게 나오잖아. 편견을 강화하는 식으로. 다른 여자를 견제하려고 그 사람을 못생겨 보이게 하거나 성형한 거 폭로한다거나 그렇게….

은나 : 맞아. 물론 진짜 그런 사람이 있을 수도 있지. 엄청 소수겠지만….

글남 : 나도 보긴 봤어. 솔직히 내가 만난 여자들 중에 미디어에서 그리는 남미새 같은 애들? 거의 없었어. 내 주변은 다 "우정이 최고지, 사랑은 뭐" 이런 쪽이 많았거든. 예를 들면, 어떤 여자가 좋아하는 남자가 있는데, 그 남자에게 관심 있는 다른 여자가 있어. 그러면 여자들끼리 은근히 견제하고 꼽주는 그런 장면 있잖아. **미디어에서 '여적여'(여자의 적은 여자) 구도로 그려지는 거**. 현실에서는 그렇게까지 흔하지 않아.

"맞아, 맞아" 하며 다들 수긍하는 분위기. 갑자기 남남이 비장하게 이야기했다.

남남 : 난 일단 **남성애를 하는 남성들은 기본적으로 다 남미새라고 생각해.** 나는 게이 커뮤니티에서 남미새가 아닌 남자들을 보지 못했어.

은나 : 오…. 그럼 게이 커뮤니티에서 활동하는 남자들은 다 남미새다?

남남 : 근데 다들 동일할 걸? 본인을 남미새라고 칭하는 사람들도 있고. 물론 막 남미새라고 해서 글남이 이야기한 다른 사람 꼽주고 그런 경우는 거의 없긴 해. **그건 인성 문제 같아.**

은나 : 맞아. 남자에 미친 게 아니라, 약간 성격 문제야.

남남 : 생각을 해보면, 내가 관심 있는 사람이 앞에 있고, 이 사람을 똑같이 마음에 들어 하는 다른 사람도 같이 있으면, 이 사람한테 잘 보여야 되는 거잖아. 근데 안 좋은 모습을 보이면 오히려 마이너스 아냐?

은나 : 내 말이. 진짜 남미새라면 오히려 자기 이미지를 신경 쓸걸? **그게 나의 매력 자본인데, 인성이나 지적인 레벨, 사회적 지능 이런 것도 다 어필이 돼야 하잖아.**

글남: 그러니까. 그래서 미디어에서 나오는 남미새 캐릭터들 보면, '인성과 지능이 같이 안 좋은 캐릭터' 같아. 이상한 인간을 만들어놓고 남미새라고 부르는 거지.

남남: 게이들이 왜 남미새인지 생각을 해봤거든? 일단 사회가 워낙 퀴어 프렌들리하지 못하고, 어렸을 때부터 이성애가 당연하다고 교육 받으니까 억압을 받잖아. 그러니까 남미새일 정도로 엄청 욕망이 강해야 커뮤니티에 나오는 거라고 생각해. 만약에 남성애자 남성인데, 남자를 만나고 싶다는 생각이 그렇게까지 강하지 않으면, 자각을 못 했거나 디나이얼*이어서 욕망을 억누르고 그냥 이성애자 삶을 살 수도 있다고 생각해.

글남과 남남의 이야기를 듣고 고민하던 장구도 입을 열었다. 불만이 가득한 목소리였다.

장구: 근데, 그 남미새라는 게 그냥 남자에 미친 사람을 의미하는 게 아니라, 욕으로 쓰잖아! '남미새'라는 단어를 처음 들었을 때, 조롱처럼 들렸어. '굳이 저런

단어까지 만들어야 돼?' 싶은 느낌?

은나 : 조롱하려고 별 단어를 다 만든다니까.

장구 : 그니까! 남자 좀 좋아할 수도 있는 거잖아? 그게 욕먹을 일이야?

은나 : 난 그냥 "그래, 나 남미샌데? 어쩔래?" 이렇게 된 것도 있는 것 같아. 약간 '슬럿 셰이밍**'을 '슬럿 프라이드'로 바꾸듯이. 나 남미새인데, 그래서? 이런 느낌으로 받아친 거지.

장구 : '남미새 페미니스트'라는 말을 듣고 생각한 게, 그전까지 그 두 개를 연결해서 생각해 본 적이 없었던 거야. 생각해 보니까, 은나에게 딱 맞는 말이더라고.

은나 : 오, 남미새 페미니스트 공식 승인! (웃음)

장구 : 나도 페미니스트라고 하면서, 남자를 계속 만나왔잖아. 물론 한 명이긴 하지만. 그러니까 나도 남미새 페미인 거지. 근데 어떨 때는 남자가 싫었던 적도 있어. 그래서 모든 게 다 모순적이고, 나도 내

---

* Denial, 부정한다는 뜻으로, 본인이 퀴어인 것을 인정하지 않는 경우.

* Slut shaming, 성적 행동이나 복장 등 사회적 규범을 위반한 여성을 비난하는 행위.

안에서 모순을 느끼지만.

은나 : 오…. 모순을 느끼는 포인트가 뭔지 궁금해.

장구 : 그러니까, 은나 연재 글에도 있었는데, 가부장적인 남자를 싫어하면서도 가부장적이고 권력 있고, 나한테 잘해주는 남자한테 사랑받고 싶은 그런 마음들.

은나 : 그럴 때 딜레마 오지. '이게 맞는 건가?' 싶은 순간들.

장구 : 그러니까. 머리로는 알지, 가부장제 자체가 문제라는 걸. 근데도 어떤 순간엔, 가부장적인 태도에서 '보호받는 느낌'을 받을 때, 모순을 느끼는 거야.

은나 : 학습된 거잖아. 그 가부장적인 남성의 보호를 로맨틱하게 느끼도록.

장구 : 머리로는 알아도 그동안 그렇게 연애를 해왔으니까. 예전에 그런 거 있었잖아. 페미니스트들 사이에서 아예 남자 소비를 하지 말아야 한다, 이런 얘기 나올 때. 그거를 완전히 잘못됐다고는 생각 안 하지만, 나는 그렇게 못 하겠거든. 나는 어쨌든 헤테로니까.

남미새에 대한 생각을 나누던 우리는 자연스럽게 남미새 페미니스트가 느끼는 모순에 대한 이야기를 시작했다.

14 다양한 욕망: 우리의 다채로운 딜레마

#페미니스트 모임에서 우리는…

은나: 장구 말대로 한때 페미니즘 커뮤니티에서 너무 당연하게 '남자 만나는 거 그만해야 된다' 같은 얘기가 나왔잖아. 그때는 나도 남자를 만나는 게 죄책감이 드는 거야. '4B 운동'이 강렬했던 시기였으니까.

장구: 나도 그때 '남자를 만나면서도 페미니스트라고 할 수 있나?' 이런

생각이 계속 들었어. 위축되기도 하고 '내가 잘못하고 있나?' 싶기도 했고. 그래서 연애가 정체성이랑 모순되지 않도록 조심하려고 했던 것 같아. 남자를 만나면서도, 그 관계가 내가 지향하는 가치랑 충돌하지 않게 하려고. 그런데도 남자를 아예 안 만나는 게 더 페미니즘적인 선택으로 여겨지는 흐름이 계속 있었어. 지금도 페미니즘 모임 가면 레즈비언이 많은 것 같아.

은나: 맞아. 어떤 모임 가면 나 빼고 다 레즈비언일 때도 있어. 그럼 나 같은 헤테로 여성들은 왠지 조용히 있어야 되는 느낌이 들기도 하고. 헤테로라고 밝히기 부끄럽다고 해야 하나….

장구: 예전에 페미니스트 단톡방 같은 데 있었는데, 거기서 '남미새'를 막 욕하는 거야.

은나: "아직도 정신 못 차리고 남자 만나냐?" 이런 식으로?

장구: 맞아. 대놓고 욕을 하는 건 아니지만, 그런 뉘앙스가 있잖아. 그러면서 페미니스트 여성이 유부녀라는 게 알려지면 실망했다, 왜 결혼했냐, 이런 반응 보이고.

은나: 뭔지 너무 알겠어. 예를 들면 페미니스트의 대모 같은 분이 갑자기 SNS에 남편 얘기를 했을 때, 젊은

페미니스트들이 확 깬다고 이야기하는 경우도 본 적 있어.

장구 : 맞아. 처음에는 그런 반응을 이해 못 했는데, 가만 보면 나도 그런 마음을 가질 때가 있어. "어? 유부녀였어?" 하고 놀라게 되는 거.

은나 : '진짜 페미니스트라면 남자를 안 만나야 한다'는 왜곡된 전제가 당연하게 깔려 있어서 그런 거 같아. 남자를 좋아하는 것만으로도 페미니스트 자격을 의심받는 거지. 그러니까 페미니스트이면서 남자를 만난다는 게 얼마나 챌린징한 일인 거야.

#남자친구와의 갈등

장구 : 연애하면서 의견이 안 맞는 부분이 많았어. 아니, "이건 이렇게 보는 게 맞지 않아?" 하면 애인은 이해를 못 했지.

글남 : 그럼 자주 싸웠겠네?

장구 : 싸웠다기보다, 벽 보고 화내는 느낌이었지. "나는 이렇게 생각하는데, 네가 이해 못 하면 우리 못 만날 수도 있다." 이런 식으로 말하기도 했고. 내가

페미니즘 관련된 걸 하든 말든 그냥 내버려두는 식이었어. 그러려니 하는 거지. 그러다… 우리 둘 다 오버워치에 빠졌어. 그리고 '보이루'* 때문에 싸우게 된 거야. 오버워치에서 '보이루'가 유행했거든. 남자애들이 인사말처럼 쓰던 거였어.

남남: 와, 내 주위에 보이루 하는 남자는 없어서 다행이다.

은나: 남자친구가 '보이루'라는 말을 사용했어?

장구: 그런 건 아니었는데…. 그때 나는 "보이루" 들으면 "자이루"**를 해야겠는 거야. 그때 보이루, 자이루 하면서 채팅창 점령하려고 난리가 났었지. 근데 애인은 "왜 그렇게까지 해?"라면서 어이없어 하더라고. 같이 '자이루' 해달라고 했는데 절대 안

---

* 보이루: '보지(여성 성기)+하이루(Hi루)'의 합성어로, '보겸'이라는 게임 유튜버가 인사말로 쓰기 시작한 후 일부 커뮤니티(디시인사이드, 일베 등)나 방송 플랫폼, 게임 등에서 인사말로 사용했다. 특히 여성 유저에게 주로 사용하여 여성혐오 표현이라는 비판에 남성 유저들은 '보겸+하이루'인데 왜 문제가 되냐고 반박했다. 이후에는 공공 플랫폼이나 방송 등에서 이 표현을 사용할 경우 경고나 제재를 받는 사례를 통해 이 표현이 온라인 젠더 폭력의 대표적인 사례로 알려졌다.

* 자이루: '자지(남성 성기)+하이루'의 합성어로 '보이루'의 미러링 단어.

해주는 거야. (일동 웃음)

글남 : 그때 애인한테 서운했던 게, 단순히 같이 자이루를 안 해줘서가 아니라, 뭔가 내 기분을 공감해 주거나 편을 들어주지 않아서 그런 거 아닐까?

장구 : 그렇지. 내 의견을 그저 받아들이라는 건 아니야. 나는 화가 났는데 아무렇지 않게 "그런 놈들 무시하는 게 낫지 않아?"라는 식으로 넘기면, 왠지 '배신'처럼 느껴지는 거야.

은나 : 핵심은 "내 편을 안 들어준다"는 거지.
페미니스트들이 남자랑 연애하면서 제일 서운한 포인트 중 하나인 것 같아.

글남 : 난 더해. 내 애인은 미국 백인 남성 헤테로야.

남남 : 완전 풀 세트네.

은나 : 영미권, 백인, 영어 네이티브, 헤테로, 남성….

글남 : 연애하면서 여러 가지로 많이 부딪히더라고. "이 사람은 나랑 다른 세상에서 살았구나" 싶어.

#연애는 강의도 토론도 아닌데….

은나 : 그런 게 느껴질 때 어떻게 했어?

글남 : 설명해. 차근차근…. 다행히 내 애인은 나한테 맞춰주려고 노력하는 게 보여. 경험이나 생각은 나랑 다르지만, 최소한 뭘 찾아보려고 해.

장구 : 그게 진짜 중요한 것 같아.

은나 : 근데 그것도 있지 않아? 연애하면서 그 사람의 페미니즘적인 감수성을 키워주고 싶다, 이런….

장구 : 나도 그 생각 했었는데 너무 피곤하더라.

글남 : 맞아. 가르치는 게 노동이야. 특히 한국에서 더 그래. 나라마다 다르긴 하지만, 해외에서는 페미니즘이 디폴트 값이라서, 굳이 설명할 필요가 없을 때가 더 많아.

은나 : 한국이랑 비교했을 때 여자친구가 페미니스트여도 괜찮다고 생각하는 남자들이 많다고 느껴?

글남 : 일단 해외에서 만난 남자들은 대부분 페미니즘이 배어 있어. 마음까지는 아니더라도 머리에 기본적으로 배어 있어서, 달라. '나 페미니스트야'라고 하면 '그게 뭐 어쨌다고?' 이런 반응이야.

은나 : 한국에서는 '페미니스트'라고 하면 남자들이 갑자기

방어적으로 나올 때가 많잖아.

장구: 평범하게 여성 인권에 대해 이야기하는 건데, 갑자기 "남자 싫어해?" 이런 식으로 반응할 때 어이없어.

글남: 신기한 게, 해외에서는 "당연히 페미니스트지" 이런 반응이 기본이야. 그냥 그거에 대해 별 관심이 없어. 물론 브라질이나 일부 아시아 사람들은 마초 성향이 강한 남자들이 일부 있긴 해. 내가 만난 대부분의 사람들은 "페미니스트가 뭐 어때서? 페미니스트가 페미니스트지. 당연한 권리지. 나도 페미니스트야!" 이런 스탠스가 대부분이야. 한국에서는 "그거 과격한 거 아니야?"부터 시작해서, 갑자기 논쟁이 돼버리는 경우가 많다고 느꼈어.

은나: 나도 토론할 때 많아. 여성전용 주차장 이야기부터 성범죄자는 일부인데도 밤길에 여성들이 모르는 남성을 경계하는 건 과도하게 일반화하는 거 아니냐, 하는 문제, 집게 손가락이 남성 비하가 맞냐 아니냐 하는 문제까지…. 진짜 별별 이슈로 다 논쟁했던 것 같아.

장구: 연애가 아니라, 토론 대회 아냐?

은나: 페미니스트라고 하면, 여성 이슈 가져와서 대뜸

"어떻게 생각해?" 하고 질문할 때도 많은 거 같아.

남남: 심지어 어떤 남자가 "너 왜 페미니즘을 지지해?" 라고 물어본 적도 있어. 페미니즘은 그냥 당연한 거 아니야?

주위 페미니스트는 대체로 퀴어거나 앨라이(퀴어 지지자)인지라, 반대로 퀴어임에도 페미니즘을 지지하지 않는 이들이 있다는 사실에 놀라면서 '안티-페미 게이'의 존재에 대해 더 이야기를 이어갔다.

15 욕망과 퀴어: 남미새 게이와 남미새 헤녀의 연결고리

◻

#안티-페미 게이들과 남미새 게이

남남 : (한숨) 그러니까 게이 중에서도 단체 활동을 하거나 정당에 들어갔거나 그러면 기본적으로 페미니스트인 걸 깔고 들어가는 것 같아. 그게 아니면, 솔직히 성소수자 남성들 중에서 '한남'이라고 부를 만한 남자들이 많지. 예를 들면 숏컷 여자 연예인 싫어하는 사람도 있고.

글남 : 진짜? 왜?

은나 : 남자들 중에 숏컷 여자 유명인에 대한 이유 없는 반감을 가진 사람이 많더라고. 근데 게이 중에도 안티페미가 많구나.

남남 : 본인의 권리에 대해서 무지하거나 관심이 없는 사람들도 많아. 그러면 여성이나 다른 소수자의 권리에 대해서는 더더욱 알지 못하는 사람들이겠지. 굳이 관심이 없거나, 좀 안 좋아하는 사람도 많고. 어차피 게이들도 한국에서 살고 있는 남성들이고, 한국 남성 사회 안에서 교육을 받았으니까…. 특별히 인권 활동을 한 게 아니면 더 그러기 쉽다고 생각해.

은나 : 그렇구나. 게이도 한국 남성으로 자라나는 거니까.

남남 : 게이 중에서 페미를 보면 '걸스 캔 두 애니띵' 거리는 사람들도 있고. 커뮤니티에서 어떤 형을 만나게 됐는데, 좋은 형인데도 친해지니까 여자들한테 볼록*이라고 부르고….

은나 : 아…. 그런 말 하는 사람들이랑 같이 있기 힘들 것 같은데. 나는 여성혐오 발언하던 사람들이 이제 인생에서 많이 사라져서….

장구 : 나도… 주변에 없어.

남남 : 아, 갑자기 우울해져. 근데 여기도 좀 끼리끼리

어울리는 문화라서. 퀴어 동아리 회원들은 좀 나은
편이야.
그래서 이런 생각이 들었거든? 한국에서 페미니스트
남자로서 '남성애'를 하기가 꽤 빡세다고 생각을 한단
말이야? 은나, 글남, 장구는 심지어 한국에서
시스젠더** 헤테로 남성들과 연애를 하는 거잖아.
글남은 한국인이 아니라 백인을 만나지만, 아무튼.
게이 남성이랑도 이렇게 힘든데, 헤테로 남성이랑
연애를 하는 건 얼마나 힘들까 싶어.

일동: 힘들어요….

은나: 그럼, 한국에서 '남성애'를 하는 남미새 페미니스트로서
가장 힘든 게 뭐야?

남남: 내가 좋아하는 사람이 페미니즘에 대해 혐오적인
말을 할 때 현타가 와….

일동: 아….

* 볼록: 여성의 가슴이나 신체 일부가 '볼록하다'는 신체적 특징을 희화화하며 만들어진 단어로, 여성을 비하하거나 성적으로 대상화하는 속어다. 일부 남성 중심 커뮤니티(특히 일베, 디시인사이드 등)에서 사용되던 여성 혐오 표현이다.

** 자신이 타고난 '지정성별'과 본인이 정체화하고 있는 성별 정체성(gender identity)이 '동일하다' 혹은 '일치한다'고 느끼는 사람.

남남 : 마음이 100%였다면, 그럴 때마다 1%씩 깎이지.
그래서 어느 지점을 내려가면 그만 만나자고 해….
은나 : 근데 내가 정말 좋아하는데, 그 부분만 맞추면 될 것
같은데… 하고 포기가 안 될 때가 있잖아.
장구 : 맞추기 쉽지 않다는 걸 아니야. 애초에 잘 골라내서
만나야 될 것 같네.

그런 사람을 어떻게 잘 가려낼 수 있을까? 남미새
남성애자의 팁부터 들어보자.

#나를 드러내면, 상대도 드러나니까

남남 : 처음 만날 때 "나 비건이다" 먼저 말해. 그러면 반응이
갈려. 전에 어플에서 만난 사람이 비건 시위를
비난하길래, 바로 "저 비건인데요" 했지. 헤어졌는데도
연락 오길래 씹었어. 외모는 괜찮았는데…. 아무리
나한테 잘해주고 외적으로 마음에 드는 사람이어도,
그런 건 사절이야.
은나 : 경험적으로 배우게 되는 거지. 그런 사람을 만나면
힘들다는 걸….

남남 : 퀴퍼(퀴어 퍼레이드) 갔다 온 얘기도 해. 그때 반응 보면 가능성이 있나 없나 알 수 있어. 퀴퍼 싫어하는 티 내면 바로 "안녕히 계세요~" 하고. 집회 다닌다고도 말해. 나를 먼저 꺼내야 돼. 그래야 정신 건강에도 좋고 관계도 오래 가.

은나 : 좋은 팁이다. 그럼 정리하면, 나 비건, 퀴퍼 다님, 집회 나감. 이렇게 이야기해서 1차 필터링을 하는 거지? 근데 만약에 상대가 나를 이해한다고는 하는데 본인은 같이 하기 힘들다고 하면? 예를 들면, 내가 비건이거나 퀴퍼 가는 건 괜찮은데, 자기는 절대 같이 못 한다고 하는 경우.

남남 : 내가 하는 걸 존중해 주면 괜찮지.

글남 : 난 이거 들으니까, 지금 애인이 생각나는데. 내 애인이 내가 비건 하는 거 서포트는 하지만, 자기는 비건으로 살 수 없다 이런 스탠스거든.

은나 : 아하, 근데 많이들 그러지 않나?

글남 : 그러니까. 상대방이 비거니즘을 지향하리라고 기대하진 않아. 물론 비거니즘을 지향하는 사람을 만나면 좋겠지만, 아닌 사람에게 강요할 수는 없으니까.

은나 : 그래, 라이프 스타일에서 너무 많은 걸 바꾸는 거니까.

남남 : 근데 게이들은 그렇게까지 하는 경우가 더 적은 거 같아. 어차피 우리는 결혼 못 하니까. 뭐랄까, 길게 보는 게 아니라 사귈 거면 사귀고 아니면 헤어진다 이렇게 생각하는 사람들이 많아. 그런 게이들한테는 남자들과의 관계가 다 엔조이인 거야.

은나 : 헤테로 남자들이 "결혼할 여자 따로, 연애할 여자 따로"라고 하는 거랑 비슷하네.

장구 : 별로다.

남남 : 그런 사람이 있었어. 나랑 만날 때 "인생에서 돈이 최고야. 시험 준비하거나 사회적으로 높은 지위에 올라가야 하면 너랑 헤어질 수 있어"라고 자주 말하던 사람.

장구 : 그런 이야기를 왜 하는 거지?

남남 : 연애하는 게 알려지는 건 싫은가 봐.

은나 : 페미니즘이나 비건도 그렇고, 숨기는 사람들이 한국에 많은 것 같아. 나도 회사에서 샤이 페미 많이 만났어. 자신이 페미라는 걸 아는 경우도 있고 모르는 경우도 있더라구. 페미인 거 티 내면 불이익이 있으니까 숨기는 거지.

16 욕망과 전략: 남미새 페미가 남자 고르는 기준

#무자아남 VS 알파메일 VS 퐁퐁남

은나 : 페미니스트로서 어떤 남자가 만나기 좋은 것 같아?

장구 : 어느 순간부터는 최소한 내 가치를 부정하지 않는 사람이면 됐다 싶었어. 내 말을 이해 못 해도, 최소한 "그건 이상한 생각이야"라고 하지 않는 사람. 그게 안 되는데, '바뀌겠지' 하면서 만나면 안 되는 거 같아. 바뀌면 다행이고, 안 바뀌어도 감당할

수 있는지 생각해야 돼.

은나 : 너무 맞는 말이다. 결국 연애할 때 중요한 건, 상대방이 '페미니즘을 얼마나 이해하냐'보다 '얼마나 내 생각을 존중하냐'인 것 같아.

글남 : 본인을 낮추면서 연애하지 않는 게 중요한 것 같아. 상대가 내 가치관을 존중 안 해주는데, 내가 맞추려고 노력하는 순간 나 자신을 잃어버리게 되는 거 같아.

장구 : 나는 그래서 자아가 별로 강하지 않은 남자가 좋은 것 같아. 내 가치관을 잘 존중해주니까. 내 애인은 사실 정치 투표도 잘 안 하거든? 그럼 손 잡고 같이 투표하러 가자, 누구누구 뽑으면 더 좋아, 라고 하면 남친은 내가 하자는 대로 하는 편이야.

은나 : 근데 이런 이야기하는 페미니스트 되게 많다? 나한테 자아 없는 남자를 만나야 한다고 말하는 선배들 여러 명 봤어. 내 말 잘 듣고 내조해 주는 남자 만나는 게 제일 마음 편해, 이러는 거지. 근데 문제는 그런 성격의 남자가 내 취향이 아닌 거야…. 자기 색깔이 강하지 않아서 내 의견을 받아들여주는 게 아니라, 자기 주장도 있고 똑똑한데 자신의 지성과 판단으로 나를 이해해 주면 좋겠어.

글남: 내 애인도 자기 의견이 없진 않아. 정보를 많이 찾아보고 결정하는 사람이라서. 근데 뭐라 그래야 되지? 같이 있으면, 내가 치와와가 된 느낌이긴 해.
(일동 웃음)

은나: 치와와가 된 느낌은 뭐야?

글남: 은나가 말한 보호해 주는 가부장처럼. 걔가 돈 벌잖아. 그럼 나는 "내가 하고 싶은 거 할 거다! 멍멍!" 이렇게 짖고 있으면, 막 "그래 그래, 해. 내가 이것 또 사줄 테니까 이것도 먹고, 이것도 하고~ 거기 가고 싶어? 알겠어~ 너 다이빙해, 다이빙 해. 내가 내줄게~" 이렇게 챙겨주는 느낌이야.

은나: 온건한 가부장제 같은 거구나.

글남: 내가 막 뭐라고 하고 페미니즘 책도 읽자고 하면 "알겠어" 하고 같이 읽어.

은나: 남자가 자본과 힘과 시간을 가지고 있고, 여자를 위해 쓰게 만드는 식에 대해서 어떤 페미니스트는 안 좋게 보잖아. 오빠가 허락한 페미니즘이래서 '응응 알겠어용. 오빠가 잘해줄게용' 이렇게 비꼬잖아. 나도 그런 거 보면 좀 찔리기도 하고 불편하고 짜증나기도 하고. 그래서 더욱 '오빠가 허락하는 페미니즘'에

갇히지 않으려고 애인에게 강력하게 이야기하거나, 연하를 만난다거나 (웃음) 할 때가 있긴 한데.

글남: 근데 뭐…. 걔가 와서 청소도 다 하고 요리도 더 많이 하고, 나는 하는 게 없어. 그 집에서 남친이 해준 요리 먹으면서, 하고 싶은 공부하는 건데…. 뭐 솔직히 편하니까 그냥.

장구: 그분이 알파메일이라 그런 건가?

글남: 조건만 보면 그런데, 겉모습이 알파는 아니야. (웃음)

은나: 그거네. 돈도 잘 벌고, 백인이고, 권력이랑 정상성 다 가졌는데, 여자친구 예뻐해 주고 설거지도 청소도 다 해주고. 이걸 싫어하는 남자들이 그 백인 남성을 퐁퐁남이라고 비꼬는 거 아냐!

글남: 그렇게 보면, 퐁퐁남 맞는 거 같아. 미국에 퐁퐁남 더 많은 거 같아. 워시맨들.

장구: 영미권은 가정이 제일 중요하다, 이런 생각이 있잖아. 자기 여자라고 생각하면, 엄청 충실하게 잘해주는 거 같아.

#남미새를 위한 팁 대방출

은나 : 그러면, 어느 나라 사람들이 '한남' 같은 면이 강한지 궁금하네요.

글남 : 대만이 정서적으로 한국이랑 비슷해. 동성애가 합법화되기도 하고 의석 수도 여자가 50%라고 해도, 내가 만난 대만 사람은 그랬어. 또 생각을 해볼게.

은나 : 너무 여러 나라 사람을 만나서 떠올릴 시간이 필요해. (웃음)

글남 : 진짜 한 대륙 빼고 전 세계 모든 대륙에서 다 만났어. 복기를 해본 결과, 러시아! 러시아 사람이랑 브라질 사람도 가부장적인 게 강해. 그리고 대만. 러시아랑 미국은… 내 경험으로는 시골 출신들이 더 그런 게 강한 거 같아.

은나 : 그럼 덜 가부장적인 곳은?

글남 : 페미니즘에 열려 있는 사람은 확실히 유럽 사람인 것 같긴 하다. 네덜란드! 내 경험은 아닌데 다른 사람 경험을 들어봤을 때 영국 사람도 그런 것 같긴 해. 근데 영국 사람은 뭔가… 여자를 더 보호해 주고 그런 게 있어, 어쨌든….

장구 : 네덜란드 너무 좋지!

글남: 독일 같은 경우, 젊은 세대는 폴리아모리가 엄청 많았고 페미니스트도 많긴 했어. 아무래도 영국이랑 독일 두 나라가 비거니즘에도 그렇고 페미니스트에도 엄청 열려 있는 느낌!

은나: 마지막으로 다른 남미새에게 하고 싶은 연애 조언이 있다면?

남남: **아니다 싶으면 헤어지세요.** (일동 웃음)

은나: 제일 중요한 건 안전한 거! 헤어질 때도 안전 이별을 해야 되고, 처음부터 안전한 사람 만나야 되고, 그게 제일 중요한 것 같아. 잘 거르는 법은 모르겠지만, 직관적으로 '쎄하다' 하면 거르기.

장구: 그냥 남들 이야기 너무 신경 쓰지 말고, **하고 싶은 대로 했으면 좋겠어.** 주위에서 네 애인 너무 한남이다, 라고 해도 사실 둘이 있을 때의 모습은 모르는 거거든. 솔직히 밖에서는 한남이어도 나한테는 안 그러면 된다고 생각해. 뭘 해도 그냥 자기 욕망대로 했으면 좋겠어. 남들이 이렇게 해라 저렇게 해라 해서 따르다가는 후회할 것 같아. 하고 싶은 대로 하고 후회하면 미련은 안 남을 거야.

글남: **자신의 욕망을 구체화했으면 좋겠어.** 어떻게 구체화할

수 있는지는 많이 생각해 봐야 되는 것 같고.

다른 남미새에게 도움이 되길 바라며 긴 대화를 네 편에 걸쳐 정리했다. 페미니스트가 되기 전까지 나는 연애를 쉽게 권하는 사람이었다. 사람처럼 재미있고 중독적인 콘텐츠는 없고, 연애만큼 짧은 시간에 많은 것을 경험하고 배울 수 있는 건 많이 없다고 생각했다. 그러나 수많은 여성혐오 범죄와 관계에서의 폭력에 대해 알게 되면서, 연애를 권하기 어려워졌다.

그렇지만, 그럼에도, 좋아하는 사람을 만나고 가까워지고 삶을 나누는 특별한 경험을 하고 싶다면-연애든 아니든- 기꺼이 도전해 보면 좋겠다. 안전하게, 자신의 욕망을 가장 우선순위에 두면서, 남들 이야기는 무시하면서 말이다. 그러고 나서 아니다 싶으면 꼭 헤어지기로!

17. 욕망과 대화: 페미니스트를 만난 남자들

인스타그램 릴스로 남미새 페미 라는 주제를 소개했을 때, 수많은 악플을 받았다. 대부분 익명 계정이었고, 남성으로 추정되는 경우가 많았다. 그렇다면, 굳이 익명으로 악플을 달지 않는 현실의 남자들은 남미새 페미니스트에 대해 어떤 생각을 갖고 있을까? 온라인에서는 악플을 달더라도, 현실에서 나를 마주친다면 어떤 이야기를 할까?

연재 후, 2030세대 남성들의 생각이 더욱 궁금해졌다.
'페미'를 욕처럼 쓰는 남성도, 페미니스트를 자처하는
남성(페미남)도 공존하는 시대다. 부정적인 선입견을 가졌던
남성들 중 일부는 페미니스트 친구나 연인을 통해 시각이
변화하기도 했다. 내 연재를 구독하는 남성 독자도 있었고,
내 애인과 남자 동료들은 나를 지지했다. 그러나
온라인에서는 여전히 '*페미는 정신병*' 같은 악플이 넘쳐난다.
그래서 직접 만나 대화해 보기로 했다.

다양한 시각을 듣기 위해, 기존에 알던 남자뿐만 아니라
동료, 새롭게 알게 된 사람, 친구의 친구 등 여러 남성을
인터뷰했다. 모임이나 대화 속에서도 지정 성별 남성이
있다면 관련된 주제에 대해 적극적으로 물었다. 인터뷰
대상자는 다섯 명으로, *페미니즘에 대한 태도와 이해도가
각기 다른 스펙트럼*을 반영하도록 구성했다.

함께한 남자들 소개

보수남 – 이준석과 홍준표를 좋아하는 보수 성향 직장인, 경상도
    출신 20대 시스젠더 헤테로 남성

활동남 — 기후 환경 *활동가*, 30대 헤테로에 가까운 남성
금사빠 — 자타공인 *금사빠*, 전라도에 사는 20대 시스젠더 헤테로 남성
연대남 — 소수자 정체성과 *연대*를 고민하는 양성애자에 가까운 남성, 30대 직장인
여미남 — 자칭 '*여미새*' 시스젠더 헤테로 남성, 20대 대학원생

처음엔 이들의 가명을 지었다가, 잘 와닿지 않고 헷갈릴 것 같아 각자의 히스토리가 잘 드러나는 닉네임을 지었다. 납작한 표현이라 지나친 일반화가 우려되지만, 인물을 잘 기억할 수 있도록 한 것이니 이해해 주기를 바란다. *각자의 다양한 맥락과 생각은 납작해지지 않도록 글과 인용으로 충분히 그들의 의견을 전하기 위해 노력했다.*

이 기획 역시 남미새다운 발상일지도 모른다. 그들과의 대화를 통해 발견한 새로운 가능성을 나누고 싶다. 페미니즘을 오해하고 혐오하는 남자들의 이야기나 남자 페미니스트의 이야기는 많이 들리지만, 그 사이에서 흔들리며 페미니스트와 기꺼이 대화하기로 결심한 남자들의

솔직한 이야기는 흔치 않으니까 말이다.

페미니즘을 처음 알게 되었을 때

페미니즘 리부트 당시 보수남과 금사빠는 둘 다 고등학생이었고, 그전까지는 페미니즘을 접할 기회가 없었다. 비슷한 시기에 페미니즘을 접했지만 받아들이는 과정과 방식에는 차이가 있었고, 이는 남미새 페미에 대한 인식 차이로 이어졌다.

먼저 보수남은 메르스 갤러리 사건*과 강남역 살인사건을 언급하며 그즈음 온라인에 '페미니즘'이 급부상하는 걸 보았다고 했다.

* 2015년 메르스 유행 당시 디시인사이드 '메르스 갤러리'에서 여성 두 명이 격리를 어기고 쇼핑했다는 오보가 퍼지며 '김치녀' 등 여성혐오 표현이 확산됐다. 그러나 후에 이들이 남성이었던 것이 밝혀지며 여성 이용자들은 '김치남' 등 미러링 방식으로 대응했다. 운영진은 남성 비하 용어 금지 조치를 시행했다. '김치녀', '된장녀' 등 여성 비하 표현은 그대로 두었던 것에 여성들은 반발하며, 《이갈리아의 딸들》에서 착안한 '메갈리아'라는 커뮤니티를 창설했다. 이 사건은 여성혐오에 대한 조직적 반격이자 한국 온라인 페미니즘 미러링 운동의 본격적인 출발점이 되었다.

"그때부터 페미니즘 단어 자체에 거부감이 생겼어요. 미국 페미니스트 시위 영상 하나를 봤는데, 거기서 한 남자가 '이미 절반이나 가졌잖아!'라고 했거든요? 근데 시위대에서 '다 내놔라!' 하면서 욕을 하는 거예요. 그 장면이 강하게 남아서… 뭔가 '남자를 싫어하는 운동' 같았어요."

그는 자연스럽게 '페미니즘 = 남성 혐오'라는 인식을 가지게 되었다. 정작 페미니스트인 나는 본 적 없는 영상이라서 어디에서 본 것인지 질문했더니, 영상을 캡처한 짤방을 SNS나 유머 사이트 등에서 보았다고 했다. 이후 페미니즘이 '여성 차별을 없애려는 운동'이라는 걸 이해하게 되었지만, 여전히 일부 페미니즘이 너무 극단적이라는 생각을 하는 듯 보였다.

반면, 금사빠는 학교에서 페미니즘을 공부하는 선배들과 동기를 통해 페미니즘을 접했다. 같은 시기에 남학생들만 있는 공간에서는 "쟤 페미 아냐?"라는 대화가 오가며 조롱의 대상이 되기도 했다. 동시에 여성 친구들과의 대화를 통해 '페미니즘 = 아직 잘 모르는 개념' 정도로 받아들이게 되었다.

"여성들이 페미니즘을 이야기하는 건 많이 봤는데,
남성들이 페미니즘을 제대로 이야기하는 건 거의 접하지
못했던 것 같아요. 그래서 *페미니즘을 공부하고 싶어도,
나랑은 거리가 있는 이야기처럼 느껴졌어요.*"

보수남은 경상도 남고 출신으로 또래 남성과 온라인
커뮤니티를 통해 페미니즘에 대한 부정적 인식을 강화했다.
반면, 금사빠는 전라도에서 남녀공학을 다니며 여성들과
대화할 기회가 많았고, 이를 통해 '아직 잘 모르는
개념'이라는 열린 태도를 유지할 수 있었다.

다른 남성들은 어떻게 페미니즘을 처음 알게 됐고, 이건
어떤 인식과 경험의 차이로 이어졌을까?

# 18. 욕망과 감별: 걔 페미 아냐? VS 난 페미 아냐

아직 내가 페미니스트로 정체화하기 전인 페미니즘 리부트 초반. 당시 친했던 '오빠'들이 내 앞에서 페미 뒷담화를 한 적이 있다. 다른 여자애 이름을 언급해 가며 "걔 페미 같지 않아?" "SNS에 그런 거 올리는 건 좀…" 같은 이야기를 했다. 그때 속으로 '난 그 친구에게 동의하는데? 지금 누구에게 누구 뒷담을 하는 거지?' 생각했지만, 어디서부터 어떻게 이야기해야 할지 감이 오지 않았다.

금사빠 역시 학교에서 남자들끼리 있을 때 페미를 부정적인 표현으로 쓰던 남자들을 보았다고 했는데, 연대남도 비슷한 경험이 있었다. 그가 페미니즘을 처음 마주한 때였다.

"제가 전에 일했던 곳에 페미니즘에 관심 있는 여성분이 계셨는데, 다른 남자 직원들이 그분에 대해 '*페미 아니야?*'라는 식으로 뒷담화를 하는 걸 알게 됐어요. 남초 회사였는데 그 여성분과 저는 친한 동기 사이였거든요.

거기서 그분 편을 들면, 제 입장이 난감해지잖아요. 그렇다고 같이 욕하거나 동조할 수도 없고. 그냥 방관하는 스탠스를 취했는데, 그 친구한테 좀 미안하더라고요."

그때는 페미니즘에 대해 특별한 생각이 없었지만, 그 후 페미니스트라는 이유만으로 비난받을 수 있다는 걸 깨달았고, 그럼에도 불구하고 자신을 페미니스트라고 밝히는 여성들이 대단하다고 느꼈다.

반면 활동남의 경우, 기후환경 운동을 하며 사회구조적 문제를 인식하는 과정에서 자연스럽게 페미니즘을 접했다.

이런 배경 때문에 페미니즘에 대해 우호적일 줄 알았는데, 긍정적인 이미지만 가진 건 아니었다고 고백했다.

"솔직히 처음에 페미니즘을 알았을 때는 여성우월주의까지는 아니더라도, 치우친 단어라고 생각했어요. 그때는 메갈리아 논쟁도 엄청 핫하고 정의당 관련해서도 논쟁이 있던 때였어요. 물론 이후로 더 많은 내용을 접하면서, 페미니즘에도 다양한 층위가 있다는 걸 알게 됐어요.
다만 아직도 일부 터프처럼 트랜스젠더 인권을 인정하지 않거나… PC주의를 강요한다든지 그런 건 부담스러워서….
페미니스트인 걸 티 내는 분들을 보면, 약간 한 발짝 물러서게 되는 게 있어요."

나 역시 페미니스트인 것을 티 내는 편인데, 한 발짝 물러서게 되었는지 물었다. 예전에 올린 숏컷 프로필 사진을 봤을 때는 그랬는데 지금은 아니라고 이야기했다. 차이가 머리 길이냐고 질문하니, 당시 머리가 쨍한 오렌지색 투블럭이었는데 투사 같고 진성 페미 같은 느낌이라 인상 깊었다고 했다. 지금은 그때보다는 긴 검정 단발인데, 비교적

온화하게 느껴진다고. 머리 길이를 바탕으로 얼마나 래디컬한지 추측한다는 점이 흥미롭기도 하고 살짝 공감이 가기도 했다.

물론 모든 페미니스트가 짧은 머리일수록 더 래디컬하고 긴 머리일수록 온건한 것은 아니다. 하지만 일반적으로 남성이든 여성이든 머리 길이를 통해 그 사람의 정치 성향을 추측할 수 있다. 여성은 머리가 길고 남성은 짧다는 사회적 편견과 억압이 존재한다. 그 안에서 이를 수용하고 살아가는 사람은 기울어지게 보수적이거나 온건한 진보일 확률이 높다. 반면 이에 반대하며 짧은 머리를 선택한 여성과 긴 머리를 선택한 남성은 비교적 진보적일 확률이 높다.

실제로 다섯 명의 남자 중 연대남과 금사빠는 비교적 길고 컬리한 머리를, 보수남은 가장 짧은 머리를 하고 있었다. 페미니스트뿐 아니라, 남성들을 볼 때도 머리 길이를 통해 정치 성향을 추측할 수 있다. 그렇지만 이 역시 항상 예외가 존재하기 때문에 섣불리 일반화하기는 어렵다.

짧은 머리를 가진 여미남은 인터넷에서 '페미니스트'라는 단어가 부정적으로 사용되고 있는 상황을 유감스러워하며, 페미니즘을 적극적으로 지지한다는 입장을 밝혔다. 그는 진보적인 어머니의 영향으로 어릴 때부터 남성이 여성과 관계 맺을 때 유의할 점을 배웠고, 자신이 젠더 권력을 가진 존재임을 인식하며 자랐다. 그러나 그는 남성이 "나는 페미니스트야"라고 선언하는 것이 오히려 운동의 기본 가치를 훼손할 수 있다고 생각해 스스로를 그렇게 규정하진 않았다.

"한때 '나는 페미니스트야'라고 당당하게 말하고 다녔는데, 어느 순간부터 불편해졌어요. 남자들이 페미니즘을 지지하는 척하면서 결국은 가르치려 들거나 운동의 중심에 서려고 하잖아요. 그게 별로더라고요. 페미니즘은 여성들의 운동인데, 남자가 끼면 그 운동이 남성 중심으로 돌아가는 느낌이 드니까요."

그의 입장에 이해가 되면서도 살짝 아쉬운 마음이 들었다. 활동남 역시 페미니즘을 지지하지만, 페미니스트라고 선언하진 않았다. 자신이 페미니스트가 되기에 충분하지 않다는 이유였다. 남성이 생각하는 페미니스트가 되기 위한 자격은 대체 무엇일까?

"아직 AV를 끊지 못했거든요. 남성향 AV를 보면 여성혐오가 많이 나오는데, 그걸 보면서 스스로 페미니스트라고 할 수 없을 것 같아요."

생각지 못한 대답에 웃음이 나왔다. 나 역시 아직 남성향 AV를 끊지 못한 여성인데, 페미 자격 박탈인 것일까? 남성향 AV를 보면서 여성혐오를 발견할 정도라면, 이미 페미니스트인 것 아닐지…. 남성들이 생각하는 페미니스트의 기준이 생각보다 높다는 것을 깨달았다. 보수남 역시 여성차별은 사라져야 한다고 생각하지만, 일부 페미니즘에 동의할 수 없기 때문에 페미니스트가 될 수는 없을 것 같다고 이야기했다.

심지어 연대남은 남자가 페미니스트와 페미니즘에 대해 대화를 하는 게 '마치 적진에 들어가는 장수가 된 기분'이라고 밝히기도 했다. 그 말을 듣고 긴장한 것이 무색하게 그가 페미니즘적인 관점을 너무 많이 이해하고 있어서 놀랍기도 했다. 그는 여성운동이 사회 전반적인 변화와 연결될 수 있다고 이야기했다.

"저도 정신적인 어려움을 겪으면서 차별을 직접
느꼈거든요. 그래서 목소리를 내는 것이 얼마나 중요한지
잘 알고 있습니다. 여성운동이 활성화되면, 다른
소수자들—정신질환자나 장애인에 대한 인식도 함께
개선될 수 있다고 생각해요. 제가 활동하는 분야 역시
페미니즘과 연대할 수 있는 부분이 많을 것 같아요."

정말 반가운 이야기였다. 하지만 곧이어 여성운동이
보완해야 할 점과 더 신경 써야 할 부분에 대한 의견을
나누었다. 이는 비교적 덜 반가운 이야기였다. 그렇다면
여성운동이 잘될 수 있도록 직접 페미니즘 운동에 참여해
보는 건 어떠냐고 제안했고, 그는 예상치 못한 질문에
웃음을 터뜨렸다.

물론 페미니즘은 다양한 소수자 운동과 맞닿아 있지만,
때로는 페미니스트들에게 모든 인권 문제를 맡겨놓은
것처럼 요구하고 기대하고 있는 건 아닌지 질문하고 싶다.
그래서 페미니스트에 대한 기준이 더 높아지고 있는 건

아닐까? '쟤 페미 아냐?' 같은 낙인 찍기도 '페미라면
~해야지. 이건 페미가 아니야' 같은 검열도, '진정한
페미니즘은 ~인데'로 시작하는 판단도 모두 페미니스트의
말과 행동을 제약하는 요소가 되고 만다.

페미니스트에 대한 낙인과 조언, 평가 대신 함께
페미니스트가 되어줄 것을 제안하고 싶다. 특히 남성들에게
말이다. *백지장도 맞들면 낫다*는데, 모두가 평등한 사회라는
어려운 미션을 위해서라면 맞들 손이 더 많이 필요하지
않을까?

더 많은 남성들이 페미니스트 선언을 할 수 있는 세상을
바라며, 스스로 페미니스트임을 인정한 금사빠의 말로 이번
편을 마친다.

> "그런데 요즘은 저 스스로를 페미니스트라고 생각하고,
> 남성들도 페미니즘을 통해서 자기만의 이야기를 만들어야
> 한다고 생각해요. 기존 여성 페미니스트들이 해온
> 이야기를 그대로 가져다 쓸 수 없고, 그래서도 안 된다고
> 생각하거든요.

이미 여성들이 많이 이야기해 왔고, 이제 남성들이 자기 위치성을 인식하고 적극적으로 대화에 참여해야 한다고 생각해요. 여성들이 해온 이야기들을 잘 듣고, 그에 반응하면서 자기 안의 것들을 함께 이야기하는 게 필요한 것 같아요. 그래야만 젠더 권력이 재편될 수 있겠다는 생각이 들었어요.

제 안에도 가해 경험과 피해 경험이 중첩되어 있는데, 그런 걸 솔직하게 이야기해 보고 싶지만 어디서나 쉽게 할 수 있는 이야기는 아니니까요. 용기도 필요하고, 고민도 많이 돼요. 그래도 언젠가는 해야 할 이야기라는 걸 알고 있어요.
최근에 관련된 모임도 시작했어요. 앞으로 더 많은 남자들과 페미니즘과 남성성에 대해 이야기를 나누고 싶습니다."

19   그들의 욕망: 남미새 페미와 여미새 남자들

최근 〈여성시대〉* 커뮤니티에 올라왔다가 삭제된 글이 있었다. "페미니즘 안에서 이성애자들은 평생 사랑을 하면 안 되는 거야?" 1천 개 가까운 댓글이 달리며 뜨거운 반응을 얻었던 이 글을 보면서, 몇 년간 고민하던 이슈가 나만의 것이 아니라는 걸 더욱 실감했다.

가부장제를 부수고 싶지만 사랑도 하고 싶은 여성들의 치열한 고민, 동시대

남성들은 이해할 수 있을까? '남미새 페미'에 대한 남성들의 생각을 듣기 위해, 먼저 '남미새'라는 단어를 처음 접했을 때 어떤 인상을 받았는지 질문했다.

SNS를 잘 보지 않는다는 금사빠는 남미새에 대한 생각이 별로 없다가, 우연히 본 웹드라마 클립을 통해 이 단어에 조롱의 뜻이 있다는 걸 알게 됐다고 한다. 연애에 과도하게 신경 쓰는 사람을 놀리는 문화에 대해 이야기하다가, 자신의 경험을 나누어주었다.

"저희 고등학교에서 새 학기가 되면 신입생과 재학생 사이에서 커플이 많이 생겼거든요? 그런 현상을

---

* 〈여성시대〉는 한국에서 가장 오래되고 규모가 큰 여성 중심 온라인 커뮤니티 중 하나로, 주로 20대에서 50대까지 여성이 중심인 익명 커뮤니티다. 미혼 및 비혼 여성부터 자녀를 둔 엄마, 주부, 맞벌이 여성 등 다양한 여성들이 사용하며 육아, 가사, 시댁, 남편, 여성 건강, 소비생활 등에 대한 정보 공유가 활발하다. 동시에 페미니즘 리부트 이후부터는 페미니즘 담론, 탈코르셋, 젠더 감수성 관련 논의도 활발히 다루는 경향이 강하다. 남초, 반페미, 여혐 커뮤니티들과 대척점에 있는 여성 중심 커뮤니티로 알려져 있으나, 페미니즘에 대한 입장이 일치하지는 않아 다양한 의견이 공유되는 것이 특징이다.

'봄바람'이라고 불렀어요. 그런데 친구가 저를 놀리면서
했던 말이 '봄태풍'이었거든요. 금사빠랑 비슷한 뜻이죠."

자신을 여미새라고 밝힌 여미남의 경우 조금 특이한 곳에서
남미새라는 단어를 처음 마주했다. 한 여자 후배의 비공개
계정을 우연히 보게 됐는데, 계정명이 '남미새'였다는 거다.

"알고 보니까 잘생긴 남자 연예인 짤 같은 걸 모아놓은
계정인 거예요. 그래서 잘생긴 남자를 추구하는 걸
적극적으로 드러내고 전시하는 게 남미새처럼 비춰질 수
있겠다 싶고, 좀 자조적 의미로 이름 붙인 것 같았어요.

*그렇게 치면, 헤테로 남자들은 다 여미새예요. 저도
여미새고요. 저도 여자 좋아하고, 예쁜 여자 좋아하거든요.
게다가 단순히 외모만 보는 게 아니라, 지능도 보고,
얼굴도 보고, 몸도 보고, 사상이나 정치 성향 같은 것도
살펴요. 다양한 요소를 고려하는 데다가 항상 가능성을
열어두고 생각해요.* "이 사람이랑 잘 맞을까?" "연인으로
발전할 가능성이 있을까?" 이런 걸 계속 염두에 두면서 그
여자를 보는 거죠."

남미새로 정체화한 나는 여미새로 정체화한 그가 너무 반가웠다. 혹시 여자에 미쳐서 다른 일에 방해받았던 적이 있는지 물어보았다. 나는 중요한 일을 앞두고 연애에 시간을 쓰다가 친한 친구에게 등짝을 맞으며 "네가 지금 남자 만날 때가 아니야" 소리를 들어본 적이 있기 때문이다. 그 역시 자신의 커리어에 영향을 받았다고 고백했다.

"새로운 일을 도전했을 때, 그 일을 잘하고 싶어서 절대 연애를 안 하겠다고 마음먹은 적이 있어요. 2년 정도 연애를 쉬었는데, 그러다가 좋아하는 여자가 생겨버린 거예요. 원래 거의 아무하고도 연락 안 하고 혼자 하루 종일 집중하면서 보냈는데 그 여자랑 놀고 싶고, 보고 싶으니까 집중할 시간을 빼서 보러 가게 되더라고요."

감정은 어떻게 할 수 있는 건 아니지, 폭풍 끄덕끄덕을 하며 이야기를 들었다. 남미새와 여미새끼리 모아 대화를 하는 것도 재미있을 것 같다고 이야기했다. 심지어 남미새 페미와 여미새 페미가 모여 이야기한다? 상상만 해도 도파민이 터져 나오는 것 같았다.

연대남 같은 경우 스스로 여미새라고 생각하진 않지만,
남자들 대부분이 여미새라는 의견은 비슷했다. 게다가
여미새보다 남미새라는 단어가 좀 더 부정적인 의미로
사용되는 것 같다는 '페미니즘적인 이야기'를 통해 나의
끄덕끄덕을 불러일으켰다.

"남미새보다는 여미새가 더 많을 텐데요. 일반적인 연애
문화에서 남성이 여성에게 먼저 대시하는 경우가
많으니까요. 근데 남성이 이성 관계에 적극적이면
'대단하다'라며 추켜세우지만, 여성이 똑같이 행동하면
'걸레' 같은 부정적인 말을 듣잖아요. 결국 여성은 성적으로
더 많은 억압을 받아온 거고, 그런 걸 표출하면 더 나쁜
시선을 받아온 거라고 생각해요."

보수남과 활동남은 '남미새'에 대해 별 생각이 없었다고
밝혔다. 조롱의 의미로 쓰인다는 것은 알고 있었지만, 그것이
꼭 나쁜 의미라고 생각하지 않았다. 오히려 '욕망에 솔직한
거 아닌가?'라는 반응이었다. 보수남은 이렇게 말했다.

"미국에서도 '완전히 빠졌다' 할 때 mad를 쓰잖아요?

남미새도 그런 과장된 표현이라고 생각했어요. 물론
주변에 불편함을 줄 정도로 과하거나 무례하면 문제가
되겠죠. 결국 애티튜드의 차이 아닐까요?"

활동남 역시 남미새가 멸칭처럼 쓰이긴 하지만, 그 자체로는
당연한 감정이라고 생각했다.

"연애 감정 자체는 자연스러운 거잖아요. 다만, 일부
여미새처럼 주변에서 봤을 때 '쟤는 유난스럽다'
'저렇게까지 관계를 맺으려고 하나?' 싶은 경우, 특히
사회적으로나 도의적으로 선을 넘으면서까지 연애에
집착하는 모습을 보일 때 그런 사람을 가리키는 멸칭으로
쓰이는 것 같아요."

이제 중요한 질문으로 넘어가려고 한다. **'남미새
페미니스트'**에 대해서는 어떻게 생각하는지, 남미새면서
페미니스트인 존재가 공존할 수 있는지 물어보았다. '페미'에
대한 선입견도 부정적(-)이고, '남미새'에 대한 편견도
부정적(-)인데, 그렇다면 '남미새 페미'는 훨씬 더
부정적(--)인 존재로 느껴지지 않을까?

궁금한 마음을 안고 인터뷰를 이어갔다.

욕망과 평등: 페미니즘적 연애란 무엇일까?

ㄱ

연대남과 보수남의 경우 남미새 페미니스트가 왜 문제가 되냐며, 환영한다는 입장이었다. '남미새'는 조롱(-)이 되고, '페미'는 낙인(-)이 되는 세상에서 남자들이 오히려 '남미새 페미'를 환영(+)한다는 건 정말 의외의 반응이었다. 특히 연대남의 경우 남미새 페미니스트야말로 '진정한 페미니스트'일 수 있다고 이야기해 나를 놀라게 했다.

"페미니스트이면서 남성이랑 만나는 건, 이퀄리스트에 가까운 느낌이에요. 그게 맞는 것 같아요. 물론 페미니스트가 꼭 남자를 싫어하고 적대시할 필요는 없다고 생각하지만요. 저는 앞으로 페미니즘이 나아갈 길이 남자와 여자를 서로 갈라치는 게 아니라, 화합하는 길로 가야 된다고 생각해서요. 물론 아직 여성 인권이 남성과 동등하지는 않죠. 그렇지만 결국에는 함께 공존할 수 있는 길로 가는 게 맞지 않나 생각해요."

함께 공존하는 길로 가야 한다는 의견은 공감하지만, 페미니스트인 나에게는 이퀄리즘과 페미니즘이 다르게 받아들여진다는 점을 설명했다. 보수남은 처음엔 차별을 없애야 한다는 주장과 연애 욕망을 갖는 것은 별개의 문제라서 모순되지 않는다고 판단했다. 그가 온건한 페미니즘과 래디컬 페미니즘을 분리해서 생각하고 있다는 걸 알았기 때문에, 한 번 더 질문을 했더니 재미있는 비유를 했다.

"아, 래디컬 페미니스트가 남미새일 수 있냐고요? 그거 뒤집으면 가부장적인 여미새잖아요? '스위트' 영포티 같은

거 아닐까요? 여자는 반드시 있어야 하고, 여자가
아침밥과 설거지는 해줘야 하는 남자들 같은 느낌이랄까.
진정한 의미의 백래시?"

그의 비유를 들으며, 반대 상황을 떠올렸다. 가부장제 안에서
페미니스트인 여성은 남자를 못 잃으면서 남자에게
아침밥과 설거지를 해줘야 하는 입장이기 때문이다.

"반대로 밖에서는 시위하면서, 집에 가서는 애들 키우고 밥
차리는 입장 아닐까요? 실제로 그렇게 사는 분들도 있을
걸요. 그래서 탈혼을 하거나, 그 안에서 가부장적인 구조를
바꾸기 위해 고군분투하기도 한다고 생각해요."

그제서야 그는 페미니즘의 가치와 가부장적 이성애 구조가
충돌하는 모순적인 상태일 수 있다는 것을 이해했다.
그렇지만, 그런 경우는 소수이지 않을까 하는 생각을
덧붙였다. 반면 활동남은 남미새 페미니스트의 딜레마와
고민은 이해하지만, 그럴수록 지금 시대에 필요한 정체성일
수 있다고 이야기했다.

"남미새 페미니스트라는 개념을 접했을 때는 '이 시대에 필요한 정체성'이라는 생각이 들었어요. 기존의 다소 억압적인 탈코르셋이나 극단적인 조류보다 약할 수도 있지만, 한국 사회에서 '남미새 페미니스트'라는 존재 자체가 신기하면서도 중요한 의미를 가질 수 있다고 느꼈어요.

한편으로는 '저렇게 정체화한 사람들은 갈등이나 자기 신념을 어떻게 해결할까?' 하는 궁금증이 생겼어요. 내면에서 충돌할 법한 부분이 있을 텐데, 그런 고민을 어떻게 풀어나가는지가 궁금했죠."

활동남 스스로도 신념과 실천 사이에 괴리가 있을 때가 있다고 고백했다. 그는 기후운동을 하지만 완전한 채식을 실천하고 있지 못하다. 그런 자신의 생활에 대해 잘못이라고 생각하지는 않지만 불편한 감정을 가지고 있다고 밝혔다. 그런 의미에서 남미새 페미니스트 역시 가부장제에 대한 반대와 가부장제 편입이라는 모순된 상황과 고민을 견디고 있을 것이라 이해했다. 남자 입장에서도 페미니즘을 지향하면서 마음에 드는 여성에게 플러팅하고 관계를

쌓아가기 위해 어떻게 해야 할지 고민이 될 때가 있다고
이야기했다.

"옛날 고리짝부터 전해 내려오는 남자의 매너 이런 거
있잖아요. 길에서 남자가 차 쪽에 선다든지 그런 거요.
물론 하고 나면 뿌듯하긴 한데, 어디까지가 자연스러운
매너이고, 어디서부터 과한 연극이 되는 건지 궁금해요. 꼭
연애 관계가 아니라고 해도, 여성을 배려하기 위해 편안한
의자를 양보하거나, 문을 열어주거나 할 때, 이런 행동이
혹시 어떤 여성들에게는 불편하거나 부담스럽지 않을까
고민해요. 특히 상대가 페미니스트거나 활동가라면, 더
생각하게 되죠."

인터뷰를 하는 중에도 활동남이 바깥쪽 의자에 앉고 내가
안쪽 소파 자리에 앉았다는 사실과 그가 티슈를 챙겨와
주었다는 것을 새삼 의식하게 되었다. 남성 지인을 만나면
거의 항상 받는 배려였다. 내 남성 애인은 당연한 듯 내
가방과 웃옷을 모두 들어주고, 문이 보이면 늘 열어주는
편이다. 이런 헤테로 연애 서사에 익숙해진 나 자신의
시스젠더 여성 수행성을 다시 한번 돌아보는 시간이었다.

페미니스트와 연애했던 경험이 있는 여미남과 금사빠 역시 이 딜레마에 대해 생각보다 깊이 이해하고 있었다. 금사빠는 어떤 연애가 더 페미니즘적인지 고민하고 있는 페미니스트였기 때문에 진지하게 이 문제를 함께 고민할 수 있었다. 서로 다른 성별임에도, 비슷한 고민 지점이 있어서 흥미로웠다.

> "연애라는 게 굉장히 복잡하잖아요. 어떤 사람과 어떤 관계를 맺느냐에 따라 진짜 천차만별이고요. 때로는 내가 원하는 페미니즘적인 관계에 부합하지 않는 부분이 있어도, 이 사람과의 관계가 깊어지다 보면 왜 그렇게 행동하는지 이해가 되어버리니까요. 이건 좀 페미니즘적이지 않지만 우리의 관계에서는 특수하게 용인될 수 있지, 하면서 넘어가기도 해요."

예를 들면 어떤 상황이 있었는지 질문하는 과정에서, 보다 섹슈얼한 상황에서의 고민도 나누게 되었다.

> "더 구체적인 예를 들자면, 저와 제 애인은 일부러 남녀 관계의 고정된 틀에 빠지지 않으려고 노력하는 편이에요.

"우리가 전통적인 성 역할로 미끄러지지 않으려면 어떻게 해야 할까?" 하는 고민을 자주 나누죠.

제 애인이 반려견을 키우고 있는데, 연애 초반에 장난스럽게 "나는 강아지, 너는 견주" 같은 역할 설정을 하게 됐어요. 이 관계 설정에는 약간 SM적인 요소도 포함되어 있었죠. 그런데 이렇게 정해놓고 나서도 실제로 일상을 함께 보내다 보면, 기존의 이성애 관계에서 자연스럽게 일어나는 일들이 반복되는 것 같다고 느낄 때가 많았어요.

특히 섹스를 할 때, 어느 날은 흔히 "정상적"이라고 여겨지는 전형적인 패턴을 그대로 따라간 적이 있어요. 그때 애인이 '오늘 섹스는 기존의 이성애 중심적인 방식으로 흘러갔던 것 같아서 좀 불쾌했다'는 피드백을 줬어요. 그런 경험을 통해, 아무리 기존의 틀을 벗어나려고 해도, 익숙한 방식이 자연스럽게 반복될 수도 있다는 걸 실감했던 것 같아요. 은나 님이 연재 글에 쓰신 그 '남성기 중심의 섹스'가 여전히 반복된 거죠."

그는 이후 페미니스트로서 어떤 섹스를 만들어가야 할까 고민을 계속했다고 이야기했다. 남성이 사정하면 끝나는 섹스가 아닌 서로의 만족이 충분히 고려되는 '평등한' 섹스를 지향했지만, 현실적으로 그 이상향을 충족시키기 어려운 날도 있었다고 고백했다. 페미니즘적 연애의 실천은 정답이 없는 데다가, 얼마나 쉽게 기존의 가부장적 연애 서사로 미끄러지고 마는지 공감하며 이야기를 나누었다.

"너무 공감해요. 현실의 페미니즘은 매끈하지 않죠. 이성적이거나 학문적이지 않고 현실이니까요."
"깔끔하게 나눠 떨어지지도 않고."
"수백 가지 페미니즘이 있고."

"맞아요. 이후에 남성 중심의 섹스가 아닌 다른 방식을 위해서, 더 천천히 옷을 벗는다든가 서로의 몸을 터치하는 시간을 늘린다든가, 이런 이야기를 나누었는데요. 그런 피드백 끝에 도달했던 결론은 *결국 섹스가 '대화' 같다는 거였어요.* 그래서 우리가 어떤 태도로 몸의 대화에 임해야 페미니즘적인 걸까? 이런 질문이 더 필요하다고 이야기했죠."

이는 여미남이 생각하는 페미니즘적 연애 방법과도
연결된다. 그에게 어떤 연애가 페미니즘적인지 질문했을 때
그건 '고정된 관계'가 아니라 '유동적인 관계'라고 설명했다.

"전 연애할 때 '우리가 이런 관계여야 해'라고 정해두는 게
아니라, 계속 맞춰가는 과정이 중요하다고 생각해요.
페미니즘적 연애도 마찬가지죠. 정답은 없고, 서로의
관점을 이해하려는 태도가 더 중요하죠."

평등해지는 방법에 하나의 정답이 있는 게 아니듯이, 평등한
연애도 마찬가지다. 수많은 페미니즘이 존재하듯이,
페미니스트의 연애도 수많은 모양으로 존재할 테다. 어떤 게
옳다, 틀렸다, 평가하고 구분하는 태도보다 서로 더 많이
대화하고 연결될 수 있기를 바라본다.

페미니즘적인 연애 관계란 무엇일지 질문하며 인터뷰를
하였으나, 글로 정리하는 과정에서 더 좋은 질문이 떠올랐다.
우리는 서로에게 '페미니즘적인 연애는 무엇일까'가 아니라
'어떤 연애를 바라냐'고 질문해야 한다. 페미니스트에게
'페미니스트인데 왜 ~하냐'는 질문이 검열이 될 수 있듯이,

'성평등한 연애란 ~해야 한다'는 기준이 정해지는 순간 또 새로운 억압과 검열이 생겨날 수 있으니 말이다.

각자가 자신의 조건에 한정되지 않고 '나답게' 사랑할 수 있는 세상이 된다면, 그 사회야말로 평등한 사회 아닐까? 내가 여성이라는 점과 페미니스트라는 점이 누군가를 사랑하는 데 아무 문제가 되지 않는 세상, 내 성별이 삶과 선택에 별다른 영향을 주지 않는 세상을 꿈꾼다. 그 세상에서 모두가 자유롭고 평등하게 사랑할 수 있는 날이 오기를 바라며.

'어려운 마주하기'를 끝내며

남자랑 연애하고 싶은데 가부장제는 비판하고 싶고, 원피스 입고 데이트하면서 예쁜 사진을 남기고 싶은 동시에 코르셋을 벗고 자유롭고 건강하게 살고 싶다. 내 가방을 스스로 들 수 있다고 생각하지만 나보다 키도 크고 힘도 센 남성 애인이 들어주면 고맙다. '페미니스트인데, 연애 관계에서 '사회적 여성'을 수행하며 살아도 되나?' 싶은 생각이 드는 날이 몇 년 동안 쌓이고 쌓여서, 이런 글을 쓸 수 있었다. 글 속에서 내가 숨기고 싶었던 모습과 덮어둔 아픈 기억, 내가 바라는 삶의 모습과 관계의 지향점까지 모두 돌아볼 수 있었다.

이 책에 내 사적인 경험만을 담은 건 아니다. 모든 글은 이전에 쓰여진 글을 읽은 몸에서 탄생한다고 믿는다. 직접 참고하거나 인용하지 않더라도 내가 만나왔던 여러 책들 덕분에 내 안에 남아 있는 개념과 문장들이 글에 녹아 들었을 거라 생각한다. 좋은 책을 써주시고 추천해 주신 모든 분들에게 고마운 마음을 담아, 글을 쓰는 중에 읽었던 책 중 영향을 가장 많이 받은 10권의 책을 추려 공유한다.

『공정하다는 착각』, 마이클 샌델

『내일의 섹스는 다시 좋아질 것이다』, 캐서린 엔젤*

『다른 듯 다르지 않은』, 임해영*

『명랑한 은둔자』, 캐럴라인 냅

『미쳐있고 괴상하며 오만하고 똑똑한 여자들』, 하미나

『버자이너 블루: 지극히 사적인 섹슈얼리티 기록』, 임은주

『사랑을 재발명하라』, 모나 숄레*

『오늘 너무 슬픔』, 멀리사 브로더*

『우리는 중독을 사랑해』, 도우리

『인생샷 뒤의 여자들』, 김지효

*표시가 된 책들은 '신여성'에서 진행된 섹슈얼리티 글 모임의 이끔이었던 도우리 작가가 추천한 책이다.

이외에도 내가 가진 가치관과 지식, 여기 저기서 보고 듣고 읽었던 모든 내용이 글에 영향을 주었을 것이다. 글을 쓰는 동안에 만난 강의와 대화에서 참고한 부분도 많다. 특히 마지막으로 글을 정리하며 새롭게 깨달은 생각 한 가지를 나누고 싶다.

페미니즘이 지향하는 세계에 모순이 있는 건, 성차별이 존재하는 세상에 있는 모순 때문이다.

연재를 마무리하고 퇴고와 추가 집필을 앞둔 겨울에 여성문화이론연구소에서 진행했던 〈질병 서사 함께 읽기〉 강의를 들으면서 '반-치유주의'에 대해 알게 되었다. 『망명과 자긍심 - 교차하는 퀴어 장애 정치학』으로 유명한 일라이 클레어의 신간 『눈부시게 불완전한』의 번역가인 하은빈 역자의 강의였다.

모든 치유는 손상된 것을 원래의 것으로 되돌리려고 하는 것이므로, 손상이 없는 '본래적 상태'가 더 우월하고 우선한다는 믿음을 만들어낸다고 한다. 그래서 특정 질병이나 이상을 가진 존재들은 치유가 필요한 동시에

치유주의로부터 억압을 받게 된다. 치유를 바라는 동시에
비장애중심주의를 타파하길 바라는 '반-치유주의'는 언뜻
보면 모순적으로 느껴진다. '치유를 바라는 거야? 아니면
치유를 거부하는 거야?' 같은 질문을 마주한다. 그러나 이런
모순은 사실 '치유주의'가 가진 모순 때문이지,
'반-치유주의'만의 문제가 아닌 것이다.

이 이야기를 들으면서, 차별과 억압에 반대하는 운동이 가진
모순은 사실 원본이 가진 모순 때문이라는 걸 알았다.
현실에서 여전히 남성보다 열등한 위치성을 가진 채로 모든
성별은 평등하다고 주장하는 것은 어쩔 수 없이 모순을
수반한다. 이 모순은 사실 차별이 가진 모순성 때문이지,
평등 자체가 가진 모순이 아니다.

좋아하는 드라마 〈Crazy ex-girlfriend〉에 나오는 노래 중
'let's generalize about men(남자들을 일반화하자)'이라는 곡은
'페미니즘적이면서 안티-페미니즘적인 곡'이라고 소개된다.
때로 아주 페미니즘적인 것은 동시에 안티-페미니즘적일
수밖에 없다. 또 다른 추천 드라마인 〈Mrs. America〉에서는
자신의 정치적 입지를 위해 여성단체들에 맞서 안티

페미니스트가 된 여성의 이야기를 다루고 있는데, 아무리 봐도 그의 삶은 페미니즘적이다. 역사적인 안티-페미니스트 여성의 삶은 지독하게 페미니즘적일 수밖에 없다는 역설과 모순은 인상적이다.

이 글도 아주 페미니즘적인 동시에 안티 페미니즘적인 글로 기억되길 바라며 글을 마친다. 모순이 가득한 세상에서 모순을 피하려 침묵하기보다 기꺼이 이 모순을 끌어안고 변화를 꿈꾸는 이들에게, 이 책을 바치고 싶다.

writing on
sexual desire

추천사

남미새는 불순분자다. 그리고 우리는 불순함으로 다시 만나야 한다.

『나는 욕망에 대해 쓰기로 했다』는 병리화된 이성애적 존재로서 '남미새'를 질문하는 책이다. 페미니스트란 정체성이라기보다 각자의 자리에서 끊임없이 질문을 던지는 일임을 떠올릴 때, 이 책은 매우 페미니즘적인 실천이다. 그리고 페미니즘의 '주적'으로 지목된 남성과의 연루됨, 즉 '적과의 동침'에 대한 고민도 예외가 아니다.

장은나는 남미새 페미니스트로서 "그냥 남자랑 안 만나면 이런 고생 안 하잖아"라는 말로 쉽게 정리할 수 없는 사람들—스스로의 매력이나 '스킬' 문제로만 환원되는 연애 조언 속에서 부대끼는 사람, 현실과 신념 사이에서 헤매는 사람, 그리고 자신이 어디쯤 서 있는지 고민하는 페미니스트—에게, 답이 아닌 대화를 건넨다.

여성들은 늘 과하거나, 부족하거나, 모순적이거나, '빻았다'는 말을 들어왔다. 장은나는 그러한 규정들을 피하지 않는다. 오히려 힘껏 눈치를 보면서도 힘껏 욕망을 밀어붙인다. 연애와 섹스 각본뿐만 아니라 탈코르셋, 럽스타그램, 데이트 앱 프로필, 포르노, 사랑, 가족에 대한 이야기를 풀어놓으며, 기꺼이 자신의 실패담과 수치심, 그리고 삭제된 원고 뭉치들을 드러낸다. 이를 통해 단순한 자기 고백을 넘어, 내밀한 고민을 사회적 사유로 확장한다. 이 책을 읽으며 나 역시 부끄러워지고, 치유받고, 또다시 질문하고 싶어졌다. 우리가 '남미새'를 색출하고 검열하며, 누가 더 순결한 혹은 더 나쁜 페미니스트인가를 따지는 동안, 여성의 욕망과 관계는 더욱 고립되고 있다. 이 책은 그 고립을 다시 연결하고자 하는 시도다. '옳음'과 '빻음' 사이에서 흔들리는 마음들. 그 문장들을 글쓰기 수업의 동료들뿐만 아니라, '모두'에게 꺼내 놓기로 결심한 장은나의 용기에 감사하며, 또한 응원한다.
남미새 또는 페미니스트들은 어디까지 미칠 수 있을까? 이 책이 불러일으킬 망설임과 용기, 그리고 이상한 욕망들을 고대한다.

- **도우리**, 『우리는 중독을 사랑해』 저자, 문화인류학 연구자

페미니스트로 살면서 제일 어려운 건 자기 안의 모순과 욕망을 뭉개지 않는 일이다. 장은나 작가의 『나는 욕망에 대해 쓰기로 했다』는 여성의 섹슈얼리티를 둘러싼 모순과 욕망을 깊이 들여다본다. 그는 여성을 향한 폭력적 구조를 걷어차면서도, 사랑하고 욕망하는 일을 포기하고 싶지 않은 끈질긴 사랑주의자다.

이 글은 많은 사람을 불편하게 할 것 같다. 저자는 불편하면 이리 와서 여기 앉아보라는 듯 말을 건다. 그는 자신의 이야기를 이해하기 어려울 누군가의 눈치를 보는 듯하면서도 결국엔 자기가 하고 싶은 말을 모두 하고야 만다. 그리고 우리가 오해로 만나더라도 다시 공들여 대화해 서로를 이해할 수 있지 않을까 희망을 품는다. 그 용기와 낙관으로 만든 이야기가 다른 여성들에게도 가닿기를 바란다.

- **조소담**, 닷페이스 대표, 『당신이라는 보통명사』 저자

페미니스트가 남자를 싫어한다고? 틀렸다. 우리는 남자를 너무 좋아하기 때문에 페미니스트이다.

우리는 남성들이 여성을 "~녀"가 아닌, 한 명의 "인간"으로 존중할 수 있다고 진정으로 믿고 있기 때문에 페미니스트이다.

그렇기에 우리는 안전할 권리를 외치며 욕망하고, 폭력에 대항하며 사랑한다. 이 책은 그런 우리의 이야기를 담고 있다.

그리고, 당신도 그러기를 바란다.

- **민서영**, 『쌍년의 미학』『망하고 또 망해도 연애』 저자, 기혼 페미니스트

은나 작가의 글을 읽는 내내, 나의 얼굴 모양이 요동쳤다. 깊은 솔직함에 내 마음마저 들킨 듯했다. 은나는 페미니스트 여성으로서 남성을 사랑하고 욕망하는 일에 갈등을 느끼며, 스스로 해방하는 과정을 공유한다. 그 작업은 단순하지 않다. 사람이란 복합적이고 모순적인 존재라는 사실을 받아들여야 하고, 사랑과 욕망을 믿을 용기도 내어야 한다. 만만치 않은 삶을 고유한 방식으로 소화해 가는 작가를 보다 보면 민낯의 나를 더 사랑하게 된다. 자신의 욕망을 검열하고 사랑이란 존재를 의심하는 이에게 추천한다. 은나의 이야기는 유쾌한 걸음으로 당신의 마음 앞까지 마중 나갈 것이다.

- **보선**, 『나의 비거니즘 만화』 『나의 장례식에 어서 오세요』 저자

누구나 조금씩 '빵았'다. 나는 이 '빵음'이 평등하게 허용되는 세상을 꿈꾼다. 남자를 만난다는 사실을 어쩐지 숨겨야만 할 것 같은 모든 페미니스트에게 이 책을 추천한다.
'페미니스트냐, 남미새냐'라는 이분법을 넘어, 우리에게는 눈치 보지 않고 욕망을 탐구하고 말할 수 있는 세상이 필요하다. 책을 읽고 함께 이야기를 나누는 것만으로도 주저하는 페미니스트들에게 해방을 안겨줄 것이다.

- **술라**, 『평범한 내가 광장의 빛이 되기까지』 공저,
여성 영상인 네트워크 프프프 운영진

나는 욕망에 대해 쓰기로 했다

초판 인쇄	2025년 8월 3일
초판 발행	2025년 8월 8일

ⓒ 장은나

지은이	장은나
펴낸이	최아영
편집	최아영
교정	김선정
마케팅	이 책을 읽은 당신
디자인	정나영
인쇄	제이오
펴낸곳	느린서재
출판등록	2021-000049호
전화	031-431-8390
팩스	031-696-6081
전자우편	calmdown.library@gmail.com
인스타	@calmdown_library
뉴스레터	calmdownlibrary.stibee.com
블로그	blog.naver.com/calmdown_library
ISBN	979-11-93749-26-5 03330

* 이 책은 저작권법에 따라 보호받는 저작물이므로 무단 전재와 복제를 금지합니다.

* 이 책의 전부 또는 일부 내용을 재사용하려면 사전에 저작권자와 느린서재의 동의를 받아야 합니다.

* 잘못된 책은 구입하신 곳에서 바꿔드리며, 책값은 뒤표지에 있습니다.

* 느리게 읽고 가만히 채워지는 책을 만듭니다. 느린서재의 스물여덟 번째 책을 구매해 주셔서 감사합니다.

* 이 책의 본문은 그린라이트 80g, 표지 종이는 생분해가 가능한 올드밀 220g 종이를 사용하였습니다. 환경과 공존하는, 지속 가능한 출판을 꿈꿉니다.